新时代智库出版的领跑者

智库 中社

国家智库报告 2023（11）
National Think Tank

"三 农"

农业绿色发展：
理论分析与政策研究

于法稳 包晓斌 等著

GREEN DEVELOPMENT OF AGRICULTURE:
THEORETICAL ANALYSIS AND POLICY RESEARCH

中国社会科学出版社

图书在版编目（CIP）数据

农业绿色发展：理论分析与政策研究/于法稳等著 . —北京：
中国社会科学出版社，2023.4
（国家智库报告）
ISBN 978-7-5227-1724-1

Ⅰ.①农…　Ⅱ.①于…　Ⅲ.①绿色农业—农业发展—研究—
中国　Ⅳ.①F323

中国国家版本馆 CIP 数据核字（2023）第 061425 号

出 版 人	赵剑英
责任编辑	刘晓红
责任校对	周晓东
责任印制	李寡寡

出　　　版	中国社会科学出版社
社　　　址	北京鼓楼西大街甲 158 号
邮　　　编	100720
网　　　址	http://www.csspw.cn
发 行 部	010-84083685
门 市 部	010-84029450
经　　　销	新华书店及其他书店

印刷装订	北京君升印刷有限公司
版　　　次	2023 年 4 月第 1 版
印　　　次	2023 年 4 月第 1 次印刷

开　　　本	787×1092　1/16
印　　　张	14.5
插　　　页	2
字　　　数	160 千字
定　　　价	78.00 元

前　　言

本报告是中国社会科学院创新工程 A 类项目"农业农村绿色发展的理论与政策研究"（编号：NFS2018A01）的主要成果之一。该创新项目立项时间为 2018 年，执行周期为 5 年；开始之时，创新团队成员共 7 名，其中首席研究员 2 名，执行研究员 4 人，研究助理 1 名。2018 年立项之后，创新团队成员根据项目设计方案，围绕着所承担的专题开展了系统的文献梳理，并对研究方案进行了进一步的细化，同时设计了相应的调研方案。

创新团队开展了系统的调研工作，足迹遍布全国 15 个省（市、区）近 100 个县（市、区、旗），其中包括东部地区的山东省、浙江省、广东省、福建省，中部地区的江西省、黑龙江省、山西省、河南省、湖南省，以及西部地区的重庆市、四川省、云南省、陕西省、内蒙古自治区、西藏自治区。

本报告的写作分工如下：于法稳负责第一章、第二章（与郑玉雨、林珊合作）、第三章，包晓斌负责第四章（与翁雅隽合作）、第八章，孙若梅负责第五章，尹晓青负责第六章，操建华负责第七章。报告初稿完成之后，于法稳、包晓斌对文稿进行了研读，并对报告各章节的主题及逻辑框架进行了调整，于法稳审阅了全文并补充完善了相关内容。

感谢中国社会科学院科研局对本项目的支持，感谢中国社会科学院农村发展研究所领导对本项目的厚爱，感谢中国社会科学院农村发展研究所办公室、科研处为调研工作、检查考核工作提供的大力支持，感谢财务处为项目经费报销提供的热情周到的服务！感谢上述 15 个省（市、区）农业农村厅、生态环境厅、自然资源厅、水利厅、城乡建设厅等单位的协助，感谢所调研县（市、区、旗）人民政府及相关职能部门的大力支持。

感谢 2018 年以来参加中国社会科学院农村发展研究所创新项目中期考核、年终检查的专家，他们为本项目的研究和本报告的写作提出了宝贵的修改建议。特别感谢中国农业科学院农业资源与区划研究所尹昌斌研究员、农业农村部农村经济研究中心金书秦研究员对本报告提出的修改建议。

　　摘要：农业绿色发展既是推动农业高质量发展的重要途径，也是全面推进乡村振兴战略、建设农业强国的必然要求。加快农业绿色发展有助于提升国家粮食安全、资源安全和生态安全。研究表明，2020 年我国农业绿色发展指数比 2015 年提高了 2.29%，意味着农业产地环境保护与治理成效明显，农业绿色产品供给能力稳步提升。但由于存在资源与环境的双重约束，农业生态系统仍在不断退化，农业可持续发展面临的形势依然严峻。因此，尤其在当下全球变暖和极端天气频发的背景下，加强农业韧性建设、推进农业绿色发展变得更加迫切。

　　本报告包括八章内容，第一章为绪论，系统阐述了农业绿色发展的宏观背景、时代价值；第二章为农业绿色发展的现状分析，从国家层面、区域层面及省级层面等不同尺度，对农业绿色发展中的资源和化学品投入，以及产能水平和质量进行了系统分析；第三章为农业绿色发展中的理论问题，主要包括农业绿色发展中的战略定位及理念、农业绿色发展的动因及核心、农业绿色发展的内涵特征及重要关系；第四章为农业绿色发展评价及问题诊断，构建了农业绿色生产效率评价模型与指标体系，对农业绿色生产效率进行了评价，并提出了农业绿色生产效率评价结果反映出的主要问题；第五章为种植业绿色发展的理论及实践创新，分析了种植业的理论与相关政策，剖析了种植业绿色发展的典型案例，并对种植业绿色发展进行了评价；第六章为畜牧业绿色发展的理论及实践创新，对畜牧养殖业绿色发展的关键概念进行了界定，同时阐释了畜牧业绿色发展的政策，剖析了畜牧业绿色发展的典型案例，并提出了推动畜牧业绿色发展的政策建议；第七章为水产养殖业绿色发展的理论及实践创新，阐述了水产养殖业绿色发展的核心概念及理论，总结概括了水产养殖业绿色发展的典型模式，并对水产养殖业绿色发展的典型案例进行了剖析，提出了推动水产养殖业绿色发展的对策建议；第八章为农业绿色发展的路径选择及政策建议，提出了农业绿色发展的重点任务、路径选择及政策建议。

关键词：农业绿色发展；农业绿色生产效率；种植业；畜牧业；水产养殖业

Abstract: Agricultural green development is not only an important way to promote high-quality agricultural development, but also an inevitable requirement for comprehensively promoting the rural revitalization strategy and building a strong agricultural country. Accelerating the green development of agriculture will help improve national food, resource, and ecological security. Studies have shown that the country's agricultural green development index in 2020 has increased by 2.29% compared with 2015; the environmental protection and governance of agricultural production areas have achieved remarkable results; and the supply capacity of agricultural green products has steadily improved. However, due to the dual constraints of resources and the environment, the agricultural ecosystem is still degrading, and the situation for sustainable agricultural development is still grim. Therefore, especially under the current background of global warming and frequent extreme weather, it is more urgent to strengthen the construction of agricultural resilience and promote the green development of agriculture.

Eight Chapters are included in the report. Chapter One is an introduction, systematically expounding the macro-background and era value of agricultural green development; Chapter Two covers the systematically analyses of resources and chemical input as well as the production capacity level and quality in the green development of agriculture from the national, the regional, and the provincial level; Chapter Three analyzes the theoretical issues in the green development of agriculture, mainly including the strategic positioning and concepts, the motivation and core, the connotation characteristics and important relationships of agricultural green development; Chapter Four constructs the evaluation model and index system to evaluate the agricultural green production efficiency, and puts forward the main problems reflected in the evaluation results; Chapter Five analyzes the planting industry-related theories and policies, analyzes the typical cases and evaluates the green development of the planting industry; Chapter Six defines the key concepts, explains the policies, analyzes the typical cases of green development of animal husbandry, and puts forward regulation suggestions to promote it; Chapter Seven expounds the core concept and theory, summarizes the typical model, analyzes the typical cases of green development of aquaculture industry, and puts forward the suggestions to promote it; Chapter Eight comes up with the key task, path selection and policy recommendations of agricultural green development.

Key words: Agricultural green development; Agricultural green production efficiency; Planting industry; Animal husbandry; Aquaculture industry

目　　录

第一章　绪论

随着中国生态文明建设和乡村振兴战略的深入推进，农业绿色发展取得了积极进展和成效。进入新时代，无论是农产品国际市场出现的新特点，还是国内居民消费市场出现的新趋势，都迫切需要农业实现全面绿色转型发展，提升生态农产品供给能力。本章在阐述农业绿色发展宏观背景的基础上，剖析了农业绿色发展的时代价值。

第一节　农业绿色发展的宏观背景

党的二十大报告提出，加快发展方式绿色转型。对农业发展而言，推动形成绿色低碳发展方式，实现农业绿色发展，既有自然因素的影响，也有社会经济因素的影响；既有国际因素的影响，也有国内因素的影响。

一 气候变化导致的极端天气日益频繁

气候变化是全球范围内共同关注的热点问题，如何应对气候变化需要国际社会的共同努力。作为负责任的大国，2020 年 9 月，中国提出了"努力争取 2030 年前实现碳达峰，2060 年前实现碳中和"的国家自主贡献（INDC）目标。

气候变化与农业生产之间联系紧密，农业既是温室气体的重要排放源，也是受气候变化影响最直接的脆弱行业，农业在改变全球气候方面发挥着重要作用。"双碳"目标的提出是全球应对气候变化的共同追求，也是中国农业可持续发展的内在要求。一方面，农业生产活动过程中的碳排放增加使温室效应持续加强。在气候变化背景下，"双碳"目标导向则为农业发展指明了新方向、提出了新要求。根据联合国粮农组织（UN FAO）在 COP26 气候峰会上发布的报告，2019 年，全球人为排放量为 540 亿吨二氧化碳当量，其中 31% 来自农粮系统。农业生产过程中的主要温室气体排放源包括甲烷（CH_4）、氧化亚氮（N_2O），水稻种植是甲烷的重要排放源，农地氮肥施用是氧化亚氮的重要排放来源。中国水稻种植面积和总产量均居世界第 1 位，也是全球氮肥最主要的消费国，温室气体减排对农业生产将会带来巨大的挑战，同时也为农业绿色低碳发展带来新的机遇。2021 年，农业农村部等 6 部委出台的《"十四五"全国农业绿色发展规划》提出，要落实碳达峰碳中和重大战略决策，科学谋划农业绿色发展目标任务，加快农业全面绿色转型。另一方面，气候变化导致的极端天气对农业生产的稳定性带来直接影响。

例如，气候变暖将使部分地区水资源短缺加剧，气温和水资源的变化将直接导致极端天气和自然灾害频发，同时也可能间接地诱发作物的病虫害，因此，气候变化也对农业气象灾害和作物病虫害风险监测预警提出了更高要求。由此，对保障国家粮食安全的稳定性带来更大压力。农业绿色生产方式有利于优化农业生产系统与气候资源的匹配性，进而提升农业气候资源利用效率，确保农业稳产增产。2022年中央一号文件，首次关注中长期气候变化对农业的影响，并要求加强相关研究；同时要求推进农业农村绿色发展，实施生态保护修复重大工程。农业农村绿色发展是增强农业生态系统韧性和可持续性的重要战略举措，对提升农业绿色发展能力，更好地应对气候变化导致的极端天气具有重要的战略意义。

二　国际不稳定形势长期内依然会存在

随着国际范围内不稳定因素的增加，各种风险的不确定性都会上升，特别是俄乌冲突仍在持续，由此引发了全球对能源安全和粮食安全的担忧。事实上，俄乌冲突不仅对两国农业生产具有直接影响，关键在于俄罗斯和乌克兰作为全球重要的粮食、能源、肥料等大宗产品的主要出口国，两国战争势必波及全球经济合作，给全球农业贸易和农业合作带来不利影响，更会对农产品国际市场格局产生重大影响。俄乌两国作为中国粮食的重要进口来源，两国冲突对中国粮食供给肯定会产生一定的影响，但不会太严重，总体来看，现阶段中国粮食市场供给充足，不足以造成供给出现硬缺口的问题。同时，中国对俄罗斯的化肥、天然气和原油依赖度较高，这将直接影响到中国农业生产资料市场和农业生产，导致农业产能水平的下降，从而进一步引发粮食等农产品市场价格上涨的问题。

从农业生产要素市场来看，俄乌冲突对中国农业的冲击主要体现在如下三个方面：一是俄罗斯化肥出口下降的风险引起国内化肥特别是钾肥价格的上涨。目前，国内氮肥、磷肥能实现自给，主要是钾肥进口依存度高，钾肥的主要来源是俄罗斯，俄乌冲突如果引发欧美对俄罗斯实施经济制裁，中国国内钾肥市场将会出现供应缺口，从而推升化肥价格上涨，增加农业生产成本。二是天然气出口的变化对氮肥生产带来较大影响。众所周知，天然气是生产氮肥的重要原料，天然气出口紧缩之后，直接导致天然气价格的上升，继而导致化肥生产成本上涨，继而引发化肥价格的升高，一方面会增加农业的生产成本，另一方面会导致氮肥供应市场的缺口。三是油价上涨导致中国农业运输和能源投入成本增加。俄乌冲突导致的油价上涨，波动传导至国内，直接增加了农业物流运输成本，间接对存储要求较高的蔬菜等部分农副产品价格产生影响；同时，也会引发农业机械作业过程中的柴油投入成本上涨，从而增加了农民生产中的机械使用成本。

从粮食等农产品市场来看，俄乌冲突会对中国部分农产品进口造成影响。俄乌冲突对乌克兰的农产品生产及贸易的影响，主要体现在粮食的减产和运输不畅两个方面。对于俄罗斯而言，农业生产本身并没有受到较大影响，但欧美对其实施经济制裁，在一定程度上会增加俄罗斯粮食出口的困难。尽管俄乌两国在中国农产品进口和农业合作中的总体地位并不靠前，但两国作为中国部分农产品的重要供给源，仍会对部分农产品及其结构性供给产生影响，主要体现在谷物和油脂品种上。乌克兰是中国玉米、小麦的重要进口来源地，俄乌冲突引发农产品出口的海上运输中断，粮食供给短期内有可能出现结构性不足，由此引发全球粮价上涨。同时，俄乌两国是中国葵花籽油主要进口来源地，俄罗斯是中国进口菜籽油的第二大来源地，上述冲突将会对中国部分油料供给产生影响，不利于农产品进口来源的多元化。此外，进口农产品供给不足有可能会增加中国粮食进口供应链的风险，使中国粮食进口面临更大的考验。

三 国家社会经济发展的宏观战略部署

加快形成以国内大循环为主体、国内国际双循环相互促进的新发展格局（以下简称"双循环"），是中国"十四五"时期社会经济发展的重要战略部署。新发展格局为农业发展带来了新的机遇，农业经济国内国际"双循环"成为促进农业高质高效发展的新话题，为此，把握新阶段农业高质量发展的着力点，对农业发展具有重要现实意义。在过去中国深度参与全球化市场的背景下，经济全球化为中国经济快速发展带来了众多机遇和有利条件，但同时也对中国农产品贸易提出一系列挑战。农产品贸易是中美双边贸易中的最重要内容之一，中国对美国土地密集型农产品进口依赖性较强，特别是大豆、玉米、小麦等。在国内外不断变化的环境之下，必须不断深化农业领域"双循环"改革，从内循环来看，推进农业供给侧结构性改革，形成结构合理、保障有力的农产品有效供给，加强农产品供给的主动权；从外循环来看，在积极参与全球农业竞争与合作中，提高农产品质量和高附加值农产品供给，提升农产品的国际竞争力。因此，形成结构合理的农产品供给和增加高质高效农产品供给成为构建新发展格局的重要落脚点。

当前，中国农业对外贸易依存度较高，农产品结构、保障程度等方面还存在一些问题，国际贸易中农产品供给的主动权还不牢固。为此，应以提升农产品有效供给能力为出发点，扩大高外贸依存度农产品的生产规模，利用现有资源激活农产品增产进而保证有效供给，在农产品国际市场中把握主动权。从中国农业生产的实践来看，中国农产品的品质、效率和生产成本等方面都不具有优势，高附加值农产品发展较为落后，必须构建高水平的"外循环"模式，重塑农产品国际竞争力优势。在中国人均耕地资源占有量远低于世界水平的现实背景下，培育新形势下中国参与国际合作和竞争的农产品优势，必须以高效率、高品质、高附加值的农产品为目标，依托现代化的农业生产体系和管理水平以及产业链现代化水平，提高优质安全的农产品供给，从而增强农产品出口优势。

第二节　农业绿色发展的时代价值

党的二十大报告指出应加快发展方式绿色转型，推动经济社会发展绿色化、低碳化，发展绿色低碳产业，健全资源环境要素市场化配置体系，倡导绿色消费，推动形成绿色低碳的生产方式和生活方式。农业绿色发展对实现中国式农业现代化具有重要实践意义。

一 全面推进农业现代化的根本要求

农业农村现代化是乡村振兴的总目标，实现乡村全面振兴的过程也就是实现农业农村现代化的过程。2022 年国务院印发《"十四五"推进农业农村现代化规划》（以下简称《规划》）提出，到 2025 年，农业基础更加稳固，乡村振兴战略全面推进，农业农村现代化取得重要进展；到 2035 年，乡村全面振兴取得决定性进展，农业农村现代化基本实现①。规划明确提出了粮食等重要农产品供给有效保障，农业质量效益和竞争力稳步提高，农村基础设施取得新进展的要求。但必须清楚实现上述目标还存在的短板与弱项。当前，中国农业基础依然薄弱，耕地质量退化面积较大，资源环境刚性约束趋紧，农业面源污染仍然突出，农业质量效益和竞争力不强等问题依然突出，要实现农业现代化目标，首先要夯实农业基础、补齐发展短板。为此，农业现代化必须坚持生产生活生态协同推进，妥善处理好农业生产、农民增收与环境治理、生态修复的关系，大力发展资源节约型、环境友好型、生态保育型农业，推进清洁化生产，推动农业提质增效、绿色发展。农业现代化不仅体现在农产品质量、农业生产效率的提升上，更是农村基础设施、生态环境质量的不断改善。

农业绿色发展是全面推进农业现代化的根本要求，以绿色发展理念引领农业农村现代化，实现产地环境更加清洁、资源利用更加高效、农产品更加优质、人居环境更加宜居的目标。首先，优化农

---

① 参见 http://www.gov.cn/zhengce/zhengceku/2021-09/07/content_5635867.htm。

业生产环境为实现农业现代化夯实基础。农业面源污染防治是实现农业现代化的必要举措，化肥、农药等化学投入品和畜禽养殖粪污等是农业面源污染的主要来源，必须继续强化农业化学投入品的减量化，深入推进有机肥替代化肥行动，以及废弃农膜、农药包装物的回收，加强畜禽养殖粪污的综合治理和资源化利用，减少农业污染物排放和产地环境清洁化。其次，提升农业生产效率为实现农业现代化注入动能。多方位地提升机械化率、土地产出率、资源使用效率、劳动生产率，才能提高农业综合生产能力，为加快农业现代化进程提供动能。提升农机装备研发应用水平，推动农业机械化水平提高；推进智慧农业发展，促进信息技术与农业生产融合，加快提高农业产出效率；提高化肥、农药综合使用效率，改善农业生产环境质量；加快高素质高技能农业生产经营者培育，提高农业生产效能。再次，提高农产品供给能力为实现农业现代化强化保障。耕地资源是农业生产的根基，必须严格落实耕地保护硬措施，全面完成高标准农田建设任务，为农业优质高效生产奠定良好基础。加大农业防灾减灾救灾能力建设和投入力度，减少农业重大灾害带来的农业供给风险，推动农业现代化进程加快。最后，改善人居环境为实现农业现代化提供支撑。深入开展村庄清洁和绿化行动，推进农村"厕所革命"、生活污水治理和生活垃圾处理等基础设施建设，打造更加宜居、优美、现代化的人居环境。

二 实施乡村生态振兴战略的重要内容

党的二十大明确提出要扎实推进乡村振兴，加快建设农业强国。

必须牢固树立和践行"绿水青山就是金山银山"的理念，推动绿色发展，促进人与自然和谐共生。党的十九大报告提出实施乡村振兴战略，坚持农业农村优先发展，按照产业兴旺、生态宜居、乡风文明、治理有效、生活富裕的总要求，加快推进农业农村现代化。2018 年中央一号文件《中共中央　国务院关于实施乡村振兴战略的意见》对乡村振兴战略作出了全面、长远的战略部署。生态振兴是乡村振兴的重要支撑，生态宜居是提高乡村发展质量的保证，打造美丽宜居、环境优美的农村生态环境，必须走农村绿色发展之路。农村绿色发展是实现乡村生态振兴战略的必由之路，更是乡村生态文明建设的必然要求。《国家乡村振兴战略规划（2018—2022 年）》中提出，构建乡村振兴新格局，要严格保护生态空间，统筹利用生产空间，合理布局生活空间①。

以农业绿色发展促进乡村生态振兴，必须以农村生态环境系统保护、农业生产环境系统改善以及农村人居环境系统治理为重要抓手。首先，从农业生态系统保护来看，农村生态资源要素保护是实施乡村生态振兴的根本基础。耕地、水域两个生态系统与农业生产和农产品生产紧密相关，实行最严格的耕地保护制度和最严格的水资源管理制度，对两大系统进行有效保护，确保农业生产对优质耕地、优质灌溉用水的需求，既是国家粮食安全的重要保障，也是实施乡村生态振兴的根本基础。其次，从农业生产环境系统改善来看，农业产地环境清洁化是实施乡村生态振兴的重要保障。为改善

———————————

① 参见 http://www.gov.cn/zhengce/2018-09/26/content_5325534.htm。

农业面源污染对农产品质量和农业生产环境造成的不利影响，必须实施农业产地环境清洁化，摒弃对化肥、除草剂、杀虫剂、农膜等化学投入品的过度依赖，提高化学品投入的利用效率，大力实施畜禽养殖粪污整治，加快农业废弃物资源化利用进程，才能有效地保障乡村生态振兴落实。

三 实现碳达峰碳中和目标的有效途径

实现碳达峰碳中和的战略目标，对农业绿色发展提出了更大挑战，也为农业绿色低碳转型带来前所未有的机遇。"双碳"战略目标的提出，实际上是将着力点放在经济社会的发展层面，低碳农业发展是"双碳"战略在中国农业领域的深刻反映，同样也是中国农业绿色发展的重要内容。农业农村部等六部委于 2021 年出台的《"十四五"全国农业绿色发展规划》提出，要落实碳达峰碳中和重大战略决策，科学谋划农业绿色发展目标任务，加快农业全面绿色转型。在农业绿色发展的目标方面，提出到 2025 年，力争实现农业资源利用水平明显提高，产地环境质量明显好转，农业生态系统明显改善，绿色产品供给明显增加，减排固碳能力明显增强[①]。农业减排固碳目标首次被纳入农业绿色发展规划当中，因此，推动农业绿色发展必须以实现农业低碳化目标为前提，同时，农业低碳化发展又以农业绿色发展的资源利用、产地环境和生态系统方面的改善为有效路径。

---

① 参见 http://www.gov.cn/zhengce/zhengceku/2021-09/07/content_5635867.htm。

　　实现农业领域"双碳"目标，其现实途径是增强农业温室气体减排能力和生态系统固碳能力。首先，从农业温室气体减排层面来看，农业绿色发展是减少农业领域碳排放的必由之路。根据《2006 IPCC 国家温室气体清单指南（2019 年修订版）》，农业领域温室气体排放源主要包括十个方面，中国提交的《联合国气候变化框架公约》中农业温室气体清单报告中，仅包括五个方面，即稻田甲烷排放、农田施肥氧化亚氮排放、动物肠道甲烷排放、动物粪便管理甲烷和氧化亚氮排放、秸秆田间燃烧甲烷和氧化亚氮排放。减缓农业温室气体排放，必须重点减少农业生产中化学投入品使用，特别是氮肥有效降低，加快推动畜禽粪污资源化利用和秸秆废弃物资源化利用。其次，从农业固碳增汇层面来看，农业绿色发展是释放农业生态系统固碳潜力的重要着力点。中国耕地轮作休耕制度、天然林保护、退耕还林还草等生态工程的实施，对耕地保护、水土保持具有重要作用，同时对中国粮食产量增产和应对极端天气具有更加深刻的意义，在碳达峰碳中和的国家战略指导下，中国农业生态系统固碳潜力将会进一步被挖掘。

第二章 农业绿色发展的现状分析

本章从资源投入维度出发考察农业资源保护利用，从化学品投入维度考察农业化学品减量增效，从产出能力维度考察农业生产保障，以及从产出质量维度考察农业质量效益，以期从资源投入、化学品投入、产出能力、产出质量四个维度衡量农业绿色发展水平，进一步分析中国农业绿色发展现状。

第一节 国家层面农业绿色发展现状分析

本部分构建农业绿色发展水平的统计分析指标体系，并从国家层面上分析农业绿色发展的资源投入、化学品投入、产出能力和产出质量四个维度的变化情况，以揭示当前农业资源保护利用、化学品减量增效、农业生产保障和农业产出质量的现状特征。

一　指标体系及数据来源

选取 2010—2019 年近十年的指标数据，原始数据均来自国家统计局官网、《中国农村统计年鉴》《中国水利统计年鉴》《中国环境统计年鉴》、各省统计年鉴和中国绿色食品发展中心网站（见表 2-1），缺失数据由上（下）年同等增长幅度计算得出。

表 2-1　　　　　农业绿色发展水平指标测算体系

指标	分项指标	单位	指标含义	指向	数据来源
资源投入（A）	A1 耕地复种指数	—	农作物播种面积/耕地面积	负向	《中国农村统计年鉴》《中国环境统计年鉴》
	A2 节水灌溉面积比重	%	节水灌溉面积/总灌溉面积	正向	《中国水利统计年鉴》《中国环境统计年鉴》
	A3 单位播种面积农业机械总动力	千瓦/公顷	农业机械总动力/农作物播种面积	负向	国家统计局
	A4 单位劳动力实际产值	万元/人	农林牧渔业实际产值/农林牧渔业从业人员	正向	国家统计局、各省统计年鉴
化学品投入（B）	B1 农药施用强度	千克/公顷	农药施用量/农作物播种面积	负向	国家统计局
	B2 化肥施用强度	千克/公顷	化肥施用量/农作物播种面积	负向	国家统计局
	B3 农膜使用强度	千克/公顷	农膜使用量/农作物播种面积	负向	国家统计局
产出能力（C）	C1 单位面积粮食产量	千克/公顷	粮食总产量/粮食播种面积	正向	国家统计局
	C2 单位面积农业实际产值	万元/公顷	农业实际产值/农作物播种面积	正向	国家统计局
产出质量（D）	D1 单位面积绿色标志农产品数量	个/万公顷	绿色标志农产品数量/耕地面积	正向	中国绿色食品发展中心网站

为了能全面掌握当前中国农业绿色发展现状，从农业生产的投入水平，以及产出水平和质量等层面，进行统计学分析。这里选择了资源投入、化学品投入、产出能力、产出质量四个维度，构建农业绿色发展水平的统计分析指标体系。

（1）资源投入（A）方面。从 4 个维度考察农业资源保护利用：①耕地复种指数，用以衡量耕地利用率；②节水灌溉面积比重，用以衡量节水设施利用强度；③单位播种面积农业机械总动力，用以衡量农业机械使用强度；④单位劳动力实际产值，用以衡量劳动生产率，其中农林牧渔业实际产值按 2000 年不变价折算。

（2）化学品投入（B）方面。从 3 个维度考察化学品减量增效：①农药施用强度，用以衡量单位面积农药投入；②化肥施用强度，用以衡量单位面积化肥投入；③农膜使用强度，用以衡量单位面积农膜投入。

（3）产出能力（C）方面。从 2 个维度考察农业生产效率：①单位面积粮食产量，以实物形态衡量粮食产出效率；②单位面积农业实际产值，以价值形态衡量农业产出效率，其中农业总产值按 2000 年不变价折算，此处的农业仅指"种植业"。

（4）产出质量（D）方面。重点考察单位面积绿色标识农产品①数量，其中绿色标识农产品包括绿色食品和有机食品，用以衡量农产品竞争力。所有指标测算及数据来源如表 2-1 所示。

————————

① 绿色标志农产品指具有"三品一标"的农产品。自 2018 年年底不再提"三品一标"了，只提绿色产品、有机产品和地理标志性产品，即"两品一标"。自 2022 年起，只开展绿色产品、有机产品认证。

二　农业绿色发展的资源投入分析

农业绿色发展的资源投入反映了农业资源保护利用现状，包括耕地复种指数（A1）、节水灌溉面积比重（A2）、单位播种面积农业机械总动力（A3）和单位劳动力实际产值（A4）四个方面，分析结果见图 2-1。

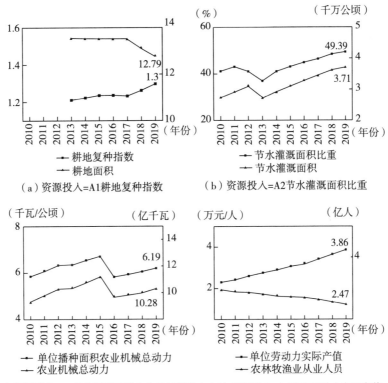

（a）资源投入=A1耕地复种指数　　　（b）资源投入=A2节水灌溉面积比重

（c）资源投入=A3单位播种面积农业机械总动力（d）资源投入=A4单位劳动力实际产值

图 2-1　2010—2019 年中国资源投入的变化趋势

（一）耕地复种指数及其变化情况

复种指数是指一定时期内（一般为 1 年）在同一地块耕地面积

上种植农作物的平均次数，即年内耕地面积上种植农作物的平均次数，数值上等于年内耕地上农作物总播种面积与耕地面积之比。

复种指数是反映耕地利用程度的指标，反映复种程度的高低，用来比较不同年份、不同地区和不同生产单位之间耕地的利用情况，计算公式为：

复种指数＝全年播种作物的总面积／耕地总面积×100%

根据中国人口多、耕地少的特点，因地制宜地提高复种指数，是扩大作物播种面积、挖掘耕地利用潜力和提高农作物总产量的有效途径，对保障农产品供应能力，特别是保障国家粮食安全具有重要的意义。

影响复种指数的因素具有多元性特征，受热量、土壤、水分、肥料、劳力和科学技术水平等因素的制约，前3个因素往往与区域的地理位置具有紧密的联系，而且是提高复种指数的基础。较高的经济发展水平、农业科学技术水平，则为提高复种指数创造了条件。

从国家层面上耕地复种指数动态变化特征来看，从2013年到2017年，耕地复种指数持续缓慢上升，此后的几年间快速增加。一个重要的原因在于耕地面积的下降，特别是2017年后，耕地面积急剧减少。从这个意义上来讲，强化耕地资源保护，保障国家粮食安全面临着较大挑战。由图2-1（a）可以看出，2013—2019年，中国耕地复种指数维持在1.2以上，2017年以后，耕地复种指数有较大幅度的增长，2019年增加到1.3，且增幅最快，比上年增长2.76%。这些数据表明，一方面在中国人均耕地占有量远低于世界平均水平的现实情形下，保持较高的耕地复种指数体现出中国耕地资源集约化利用程度较高，为提高粮食供给能力、保障粮食安全做出了重要贡献。另一方面，过高的耕地复种指数反映出当前中国耕地处于高负荷利用状态，长期的耕地复种不利于耕地土壤肥力的恢复，不利于农业生产的可持续发展。从实现耕地资源的可持续利用角度来看，采取耕地休耕等政策性措施，适度降低耕地复种有助于提升耕地质量和土壤肥力，保障农产品质量安全。随着工业化、城镇化进程的加快，耕地面积持续下降的态势持续推进。统计数据表明，2013—2019 年中国耕地面积逐年降低，且在 2017 年后迅速减少，至 2019 年降至 127861.8 千公顷，比 2013 年减少了 5.4%。随着农业机械化发展和农业生产技术提升，农作物播种面积逐渐扩大，但同时在耕地保护红线的约束下，中国耕地资源保护也面临更大考验，一方面要确保耕地数量，另一方面也要改善耕地质量。

（二）节水灌溉发展情况

节水灌溉面积比重在 2013 年后呈逐年上升趋势，截至 2019 年节水灌溉面积比例达近五成。节水灌溉面积比重指标反映了节水设施利用强度，指标指向为正向。由图 2-1（b）可知，通过节水灌溉面积比重历年变化趋势分析，以 2013 年为节点，2010—2012 年，节水灌溉面积比重先增后减，直至 2013 年跌至最低点 36.96%，此后呈逐年上升趋势，基本上历年的节水灌溉比重维持在 40% 以上，截至 2019 年节水灌溉面积比例已达 49.39%。从内部指标来看，节水灌溉面积与节水灌溉面积比重变化趋势较为一致，自 2013 年起呈逐年增长趋势，2019 年节水灌溉面积达 37059.3 千公顷。节水灌溉比重反映出中国农业用水资源的可持续利用程度，随着节水改造力度的推进和节水灌溉的不断提速，中国农业现代化进程和农业生产方式绿色转型将持续加快。

（三）农业机械总动力及其变化情况

单位播种面积农业机械总动力于 2015 年达到峰值后下降，此后呈微弱上升趋势。单位播种面积农业机械总动力指标反映中国农业机械使用强度，指标指向为负向。由图 2-1（c）可以看出，单位播种面积农业机械总动力近十年的变化趋势以 2015 年为节点，2010—2015 年，单位播种面积农业机械总动力呈稳定上升趋势，于 2015 年达到峰值 6.7 千瓦/公顷，此后下降至 5.83 千瓦/公顷，落幅最大；2016—2019 年，单位播种面积农业机械总动力呈微弱上升趋势，至 2019 年达到 6.19 千瓦/公顷。从其内在指标来看，农业机械总动力与单位播种面积农业机械总动力变化趋势基本一致，2010—2015 年，农业机械总动力逐渐上升，至 2015 年达到峰值 11.17 亿千瓦，随后迅速出现跌落，低于单位播种面积农业机械总动力同比下降比例，2016—2019 年呈缓慢增长趋势，至 2019 年达到 10.28 亿千瓦。一方面，单位播种面积农业机械总动力指标体现了每单位播种面积农业机械设备的使用情况，较高的单位播种面积农业机械总动力反映出农业机械发展程度和农业机械化水平。另一方面，农业生产一味追求单位播种面积总动力的提高，容易对生产过程中的能源投入产生过度依赖，高耗能的粗放型农业发展亟待向集约型农业发展转变，同时，在当前"双碳"目标战略背景下，农业生产能源引发的碳排放也为农业绿色转型带来了更大的挑战。

（四）农业劳动力投入及其变化情况

单位劳动力实际产值呈平稳上升趋势，农林牧渔业从业人员呈平稳下降趋势。单位劳动力实际产值指标反映了中国农业劳动生产率，指标指向为正向。如图 2-1（d）所示，2010—2019 年单位劳动力实际产值呈平稳上升趋势，至 2019 年达到 3.86 万元/人，劳动生产率逐年稳步提升。从其内部指标来看，农林牧渔业从业人员数量近十年来不断下降，到 2019 年降至 2.47 亿人，单位劳动力实际产值同比增速远高于农林牧渔业从业人员同比降速。中国农业规模化和机械化的快速推进，使部分农业劳动力从第一产业中解放出来，同时，农业现代化的发展需要更多高层次、高水平农业人才的培育，尽管农业生产率稳步提升，但劳动力投入方面仍面临人员数量下降的不可逆转性和高素质劳动力短缺的双重压力。此外，农业劳动力的流失引发的耕地撂荒问题也日益突出，当前小农户家庭经营仍将是中国农业的主要经营方式，发展多种形式适度规模经营，培育新型农业经营主体，是缓解中国农业劳动力数量和质量双重压力的主要手段。

三　农业绿色发展的化学品投入分析

农业绿色发展的化学品投入反映了化学品减量增效现状，包括化肥施用强度（B1）、农药施用强度（B2）和农膜使用强度（B3）三个方面，具体分析结果见图 2-2。

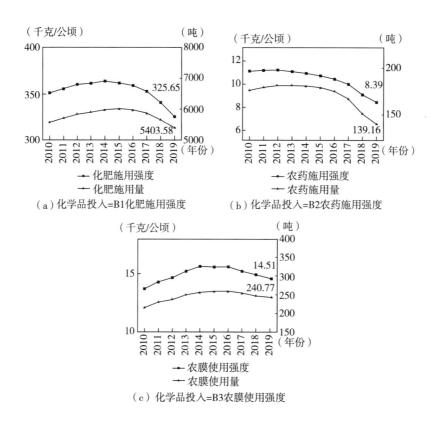

图 2-2 2010—2019 年中国化学品投入的变化趋势

（一）化肥施用强度及其变化

化肥施用强度于 2015 年达到峰值，此后呈逐年下降趋势。化肥施用强度反映了单位播种面积的化肥投入，指标指向为负向。如图 2-2（a）所示，以 2014 年为节点，2010—2014 年，化肥施用强度呈平稳上升趋势，至 2014 年达到峰值，为 362.98 千克/公顷，此后呈递减趋势，直至 2019 年达到最低点 325.65 千克/公顷。此外，2017 年以后的化肥施用强度递减速度明显快于峰值前的上涨速度。从其内部指标来看，化肥施用量与化肥施用强度的演变趋势类似，化肥施用量先增后减，于 2015 年达到峰值 6022.62 吨，此后下降至 2019 年的最低点，为 5403.58 吨。2017 年以后的化肥施用量下降速度同样快于上涨速度。化肥施用强度的变化趋势与化肥施用量的变化趋势紧密相连，自 2015 年《到 2020 年化肥使用量零增长行动方案》发布后，中国化肥施用量开始逐年递减，相应的化肥施用强度也开始下降，但其最低点 325.65 千克/公顷，仍与发达国家为防治水体污染所设置的安全上限值 225 千克/公顷，存在较大差距，中国在改善化肥施用强度方面仍有较大的提升空间。

（二）农药施用强度及其变化

农药施用强度于 2011 年达到峰值，此后呈逐年下降趋势。农药施用强度反映了单位播种面积的农药投入，指标指向为负向。如图 2-2（b）所示，2010—2019 年，农药施用强度于 2011 年达到峰值 11.14 千克/公顷，此后开始下降，直至 2019 年达到最低点 8.39 千克/公顷。自 2017 年起，农药施用强度下降速度明显加快。从其内部指标来看，农药施用量与农药施用强度的变化趋势基本吻合，农药施用量先增后减，于 2013 年达到峰值 180.79 吨，此后下降至 2019 年的最低点 139.16 吨。同样，2017 年以后农药施用量的下降速度明显快于上涨速度，2019 年、2018 年同比上年分别下降 7.46%、9.15%。尽管农药施用量和农药施用强度不断下降，但仍远高于发达国家农药用量。从农业生产环境来看，由于农药施用方式的科学性不足，使农药利用率水平相对较低，农药施用的规范性和精准性有待加强。此外，必须关注农药包装物产生量的削减和处置，积极探索完善的农药包装废弃物回收机制和多元化的资源化利用方式，以此来减缓面源污染、提升资源化利用水平。

（三）农膜使用强度及其变化

农膜使用强度于 2014 年达到峰值，此后呈缓慢下降趋势。农膜使用强度反映了单位播种面积的农膜投入，指标指向为负向。如图 2（c）所示，以 2016 年为节点，2010—2014 年，农膜使用强度呈上升趋势，至 2014 年达到峰值 15.62 千克/公顷，此后开始缓慢下降，直至 2019 年的 14.51 千克/公顷。与化肥施用强度指标和农药施用强度指标不同，农膜使用强度的下降趋势相对缓慢。从其内部指标来看，农膜使用量与农膜使用强度的变化趋势相似，农膜使用量先增后减，比农膜使用强度晚一年达到峰值 260.35 吨，此后下降至 2019 年的 240.77 吨。中国农膜用量大、覆盖面积广，降低农膜使用量可通过推广使用可降解的生物农膜，鉴于可降解农膜的使用要考虑到农作物的生长周期，因此在技术开发和应用中具有比较高的要求。此外，由于捡拾机械适宜性相对较差，回收废弃农膜也面临较大的技术和经济困境。

四　农业绿色发展的产出能力分析

农业绿色发展的产出能力反映了农业生产保障现状，包括单位面积粮食产量（C1）和单位面积农业实际产值（C2）两个方面，具体分析如下。

（一）实物形态的农业生产效率

单位面积粮食产量基本呈逐年上升趋势。单位面积粮食产量反映了粮食产出效率，指标指向为正向。如图 2-3（a）所示，2010—2019 年，单位面积粮食产量基本呈逐渐上升趋势，至 2019 年达到最高点 5719.65 千克/公顷。上升速度波动较大，2012 年以后增长速度放缓。从其内部指标来看，粮食产量与单位面积粮食产量的变化趋势较为一致，粮食产量基本呈逐渐上升趋势，至 2019 年的最高点 6.64 亿吨，同样，2012 年后增长速度放缓。农业绿色发展的基础和前提是保障粮食生产能力，同时农业绿色发展又是改善农业生产环境、推动农业生产可持续发展的必由之路。粮食生产能力本身是农业绿色发展的重要内容。这就意味着在农业生产稳定发展过程中，应立足资源匹配性，摒弃为追求粮食产量目标盲目开发的粗放型生产方式，科学规划粮食产区产量目标，合理安排粮食生产。

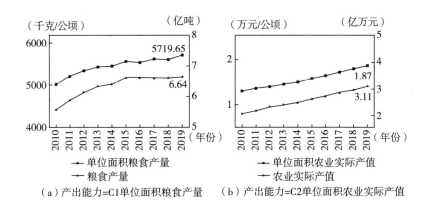

图 2-3　2010—2019 年中国产出能力的变化趋势

（二）价值形态的农业生产效率

单位面积农业实际产值呈逐年平稳上升趋势。单位面积农业实际产值反映了农业实际生产规模，指标指向为正向。如图 2-3（b）所示，2010—2019 年，单位面积农业实际产值稳步提升，至 2019年达到最高点 1.87 万元/公顷，历年来的增长速度较为平稳。从其内部指标来看，农业实际产值与单位面积农业实际产值的变化趋势相一致，粮食产量呈稳定上升趋势，至 2019 年的最高点 3.11 亿万元。农业绿色发展必须要围绕土地产出效率，优化农业主体功能布局，合理控制开发强度，提高空间利用效率。识别空间布局上资源错配和供给错位的结构性矛盾，努力建立反映市场供求与资源稀缺程度的农业生产力布局，发挥农业生产的区位优势、提高农业生产的经济效益。

五　农业绿色发展的产出质量分析

农业绿色发展的产出质量以单位面积绿色标志农产品数量（D1）表征，绿色标志农产品指具有"三品一标"的农产品，鉴于数据的可获得性，本研究中的绿色标志农产品数量仅包括绿色食品和有机农产品的数量。

单位面积绿色标志农产品数量呈逐年上升趋势，2017 年后增速明显加快。单位面积绿色标志农产品数量反映了农产品竞争力，指标指向为正向。如图 2-4 所示，2010—2019 年，单位面积绿色标志农产品数量逐年提升，至 2019 年达到最高点 3.15 个/万公顷。2017 年以后增长速度明显加快。从其内部指标来看，绿色标志农产品数量的变化趋势与单位面积绿色标志农产品数量一致，绿色标志农产品数量呈逐年上升趋势，至 2019 年的最高点 4.03 万个，2017 年以后增长速度明显加快。推动农业绿色发展不仅要提升粮食供给保障能力，还要提升农业绿色供给能力。通过绿色生产方式，大力发展绿色、有机和地理标志优质特色农产品，创建区域品牌和农产品优势区，推动农业由增产导向转向提质导向，从而增加优质农产品供给，进一步提高农产品竞争力和特色产业优势。

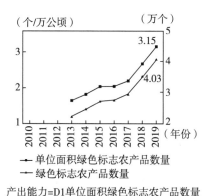

产出能力=D1单位面积绿色标志农产品数量

图2-4　2010—2019年中国产出质量的变化趋势

第二节　区域层面农业绿色发展现状分析

基于区域层面的视角，对农业绿色发展的不同维度展开对比分析，从各区域平均水平的层面上，揭示当前资源投入、化学品投入、产出能力和产出质量上的区域优势和差距。中国31个省份可按经济发展水平划分为东部（10）、中部（6）、西部（12）和东北（3）① 四大区域。

一　不同区域农业绿色发展的资源投入分析

从资源投入的维度，考察耕地复种指数（A1）、节水灌溉面积

---

① 根据国家统计局对四大经济区域的划分，东部地区（10）包括北京、天津、河北、上海、江苏、浙江、福建、山东、广东和海南；中部地区（6）包括山西、安徽、江西、河南、湖北、湖南；西部地区（12）包括内蒙古、广西、重庆、四川、贵州、云南、西藏、陕西、甘肃、青海、宁夏、新疆；东北地区（3）包括辽宁、吉林、黑龙江。

比重（A2）、单位播种面积农业机械总动力（A3）和人均实际产值（A4）的区域差异性。

（一）不同区域耕地复种指数及其变化情况

耕地复种指数由高到低按"中部—东部—西部—东北"梯度排列，2017年后东北呈下降趋势，表明耕地保护推进取得了一定成效。由图2-5（a）可知，四大区域耕地复种指数按"中部—东部—西部—东北"梯度式递减排列。中部的耕地复种指数最高，且在2017年后呈上升趋势，说明中部目前的耕地利用率较高，且在近几年中不降反升，中部耕地资源保护难度加大。东北的耕地复种

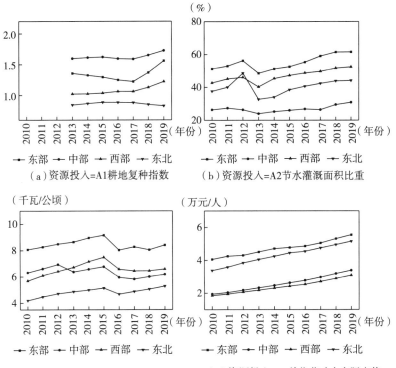

（a）资源投入=A1耕地复种指数　（b）资源投入=A2节水灌溉面积比重

（c）资源投入=A3单位播种面积农业机械总动力　（d）资源投入=A4单位劳动力实际产值

图2-5　2010—2019年四大区域资源投入的变化趋势

指数最低，在 2017 年后呈下降趋势，表明东北耕地保护推进取得了一定成效。东北省份属于国家粮食主产区，东北的黑土耕地是重要的农业资源和生产要素，近年来国家对东北黑土地保护的重视度越来越高，2020 年农业农村部出台了专门针对东北黑土地保护的《东北黑土地保护性耕作行动计划（2020—2025）》，中央一号文件连续七年提出加大东北黑土地保护力度，2022 年中央一号文件中明确提出，实施黑土地保护性耕作 8000 万亩。与中部类似，东部和西部的耕地复种指数于 2017 年后不断上升，且东部上升速度最快，耕地利用率增幅更加明显，东部耕地保护亟待加快推进。

（二）不同区域节水灌溉发展情况

节水灌溉比重由高到低按"东部—西部—东北—中部"梯度排列，2013 年后各地区均呈逐年上升趋势。由图 2-5（b）可知，四大区域节水灌溉比重大体按"东部—西部—东北—中部"梯度式递减排列。以 2013 年为节点，2010—2012 年，除中部外的各地区的节水灌溉比重不断提高，并于 2012 年达到峰值，2013 年各区域均降至最低点，2013—2019 年，各区域节水灌溉比重呈逐年上升趋势。东部节水灌溉比重最高，表明经济发展程度较快的地区，其节水设施利用强度也较高。中部节水灌溉比重最低，且在 2013 年以后的增速慢于其他地区，中部节水灌溉发展相对滞后，农业水资源的承载能力面临考验。中部绝大部分省份属于中国粮食主产区，农业生产条件好、潜力大，但也存在水土资源过度消耗问题。中部的耕地复种指数和节水灌溉比重均处于不利地位，如何在确保粮食等主要农产品综合生产能力提高的同时，做好水土资源保护和有效利用，成为区域发展中需要平衡的一个现实问题。

（三）不同区域农业机械总动力及其变化情况

单位播种面积农业机械总动力基本呈"东部—西部—中部—东北"梯度式递减排列，2016年以后各区域均呈不断上升趋势。由图2-5（c）可知，四大区域的单位播种面积农业机械总动力大体按"中部—东部—西部—东北"梯度式递减排列。以2015年为节点，2010—2015年，除中部外，其他区域单位播种面积农业机械总动力不断上升，于2015年达到峰值，2016—2019年，四大区域重新呈现逐年上升趋势。东部的单位播种面积农业机械总动力最高，且和其他区域差距较大，表明经济发展速度较快的地区，相应地其农业机械化程度也越高，但就资源利用水平而言，反映出其农业机械使用强度也较高，农业生产的能源集约化利用程度较高。东北的单位播种面积农业机械总动力最低，且和其他区域差距较大，其农业机械使用强度最低，能源的集约高效利用水平明显低于其他区域。中部和西部的单位播种面积农业机械总动力差距较小，2013年，西部赶超中部，此后西部农业机械化程度略微高于中部，但农业机械使用强度高于中部。农业生产的现代化需要结合机械化、集约化和绿色化，农业机械作业既要加快科技发展，促进能源的集约高效利用，也要推动农村能源消费结构转型，充分利用废弃物资源和可再生能源。

（四）不同区域农业劳动力投入及其变化情况

单位劳动力实际产值由高到低按"东部—东北—中部—西部"梯度排列，均呈平稳式增长趋势，但区域差距较为明显。由图2-5

（d）可知，四大区域单位劳动力实际产值按"东部—东北—中部—西部"梯度式递减排列，且均呈平稳式增长趋势。东部、东北的单位劳动力实际产值远高于中部、西部，区域差距较为显著。东部最高，表明东部经济发展较快的优势，仍能在农业劳动力生产率方面凸显；其次是东北，东北的农业劳动力生产率水平与东部差距较小。中部和西部的单位劳动力实际产值，远低于东部和东北，但西部数值更低、增速也更慢，反映出中部和西部的农业劳动力生产水平与东部和东北差距较大。中国的传统农业属于劳动密集型产业，现代农业的发展必须要加快向资本密集型转型，其中最为重要的资本是人力资本，对较为滞后的中部、西部地区，关键的是要提高农业劳动力素质、释放劳动力资源红利，才能为农业生产增值赋能，从而推动农业劳动力生产率水平提高。

二　不同区域农业绿色发展的化学品投入分析

从化学品投入的维度，考察化肥施用强度（B1）、农药施用强度（B2）和农膜使用强度（B3）的区域差异性。

（一）不同区域化肥施用强度及其变化

化肥施用强度由高到低按"东部—中部—西部—东北"梯度排列，2016年后各地区均呈下降趋势。由图2-6（a）可知，四大区域化肥施用强度大体按"东部—中部—西部—东北"梯度式递减排列。东部化肥施用强度最高，且远高于其他地区，西部和东北与东部差距较大。东部和西部呈先增后减趋势，2016年以前，东部和西部化肥施用强度不断提高，分别于2016年、2015年达到峰值，后

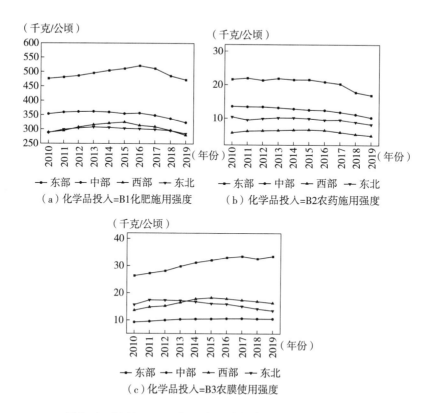

图 2-6 2010—2019 年四大区域化学品投入的变化趋势

逐年下降至 2019 年的最低点。中部和东北基本呈缓慢下降趋势，没有明显峰值点，至 2019 年降至最低点。从四大区域 2016 年以后的下降速度来看，东部的下降速度明显快于其他区域。尽管东部化肥施用强度远高于其他区域，但其下降速度也快于其他区域，东部在降低化肥施用强度方面仍具有较大的发展力和持续力。

（二）不同区域农药施用强度及其变化

农药施用强度由高到低按"东部—中部—东北—西部"梯度排列，各地区均呈逐年下降趋势。由图 2-6（b）可知，四大区域农药施用强度大体按"东部—中部—东北—西部"梯度式递减排列。东部农药施用强度最高，且明显高于其他地区，但其他区域间的差距不大。历年来各区域基本呈逐年下降趋势，没有明显峰值点，至2019 年下降至最低点。从下降速度来看，包括东部在内的各区域的下降幅度较为缓慢，东部并无相对较快的下降趋势。不同于东部在化肥施用强度上占有的速度优势，东部在降低农药施用强度上面临减量和降速方面的双重考验。

（三）不同区域农膜使用强度及其变化

农膜使用强度由高到低按"东部—西部—东北—中部"梯度排列，西部和东北有下降趋势。由图 2-6（c）可知，四大区域农膜使用强度基本上按"东部—西部—东北—中部"梯度式递减排列。东部农膜使用强度最高，且明显高于其他地区，中部最低。各区域时间演变趋势相差较大，东部呈上升趋势，中部较为平稳，西部呈先升后降趋势，东北呈下降趋势，整体来看，仅西部和东北的农膜使用强度有下降趋势，而东部仍具有潜在的下降拐点。2010—2013年，西部农膜使用强度尽管上升但仍低于东北，直至 2014 年上升到最高点赶超东北，此后开始缓慢下滑。从下降速度来看，西部的下降速度慢于东北。同化肥施用强度和农药施用强度类似，东部在农膜使用强度上仍明显高于其他区域。总体上，东部地区的化学品投入相对较高，但从其下降趋势或隐藏的下降趋势来看，东部化学品投入的削减空间具备很大的潜力。

三　不同区域农业绿色发展的产出能力分析

从产出能力的维度，考察单位面积粮食产量（C1）和单位面积农业实际产值（C2）的区域差异性。

（一）不同区域实物形态农业生产效率情况

单位面积粮食产量由高到低按"东北—东部—中部—西部"梯度排列，除东北外其他区域均呈上升趋势。由图 2-7（a）可知，四大区域单位面积粮食产量基本上按"东北—东部—中部—西部"梯度式递减排列。东北单位面积粮食产量最高，但演变趋势较为不规律，西部最低。除东北外，其他区域基本呈上升趋势，东部增速相对较快。2010—2019 年，除东北外，其他区域基本呈上升趋势，但峰值时间不一致，东部于 2019 年、中部和西部于 2015 年达到峰值。从上升速度来看，东北的增速最快、下跌也最快，东部增速也相对较快。东北地区省份均属于粮食主产区，其粮食主产功能优于其他区域，西部位于经济欠发达地区，在粮食单产方面仍与其他区域有较大差距，其粮食生产保障能力仍存在很大提升空间。

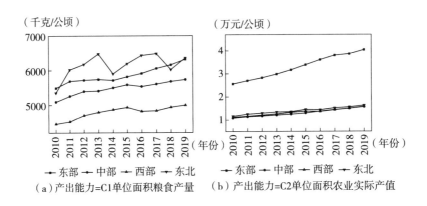

图 2-7 2010—2019 年四大区域产出能力的变化趋势

（二）不同区域价值形态农业生产效率情况

单位面积农业实际产值由高到低按"东部—东北—西部—中部"梯度排列，各区域均呈平稳上升趋势，且东部远超其他区域。由

图 2-7（b）可知，四大区域单位面积农业实际产值基本上按"东部—东北—西部—中部"梯度式递减排列。2010—2019 年，各区域均呈平稳上升趋势。东部单位面积农业实际产值最高，且和其他区域有较大差距；中部最低，且东北、西部、中部之间的单位面积农业实际产值差距很小。从上升速度来看，东部增速也明显快于其他区域。东部在经济发展程度方面优于其他区域，而在单位面积农业实际产值方面其经济优势尤其明显，且东部增速也显著快于其他区域，其高产值、高增速的优势将持续加大区域间的落差。

四　不同区域农业绿色发展的产出质量分析

从产出能力的维度，考察单位面积绿色标志农产品数量（D1）的区域差异性。

单位面积绿色标志农产品数量由高到低按"东部—中部—西部—东北"梯度排列，各区域在波动中呈上升趋势。由图 2-8 可知，四大区域单位面积绿色标志农产品数量基本上按"东部—中部—西部—东北"梯度式递减排列。2013—2019 年，各区域在波动中呈上升趋势，东部波动和上升变动较为明显。东部单位面积绿色标志农产品数量最高，且和其他区域有较大差距；东北和西部最低，且两者较为相近。从上升速度来看，2017 年以后东部增速明显快于其他区域，东北则呈微弱下降趋势。东部在农产品竞争力的数量和增速上都远超其他区域，除东部外，其他区域还未充分释放其生态资源潜力，优质特色农产品生产能力仍有待提高。在经济欠发达地区，通过立足当地资源禀赋，大力发展绿色、有机和地理标识优质绿色农产品，提升特色优势产业的核心竞争力，从而发挥出区域特色产业优势、带动农业经济效益提升。

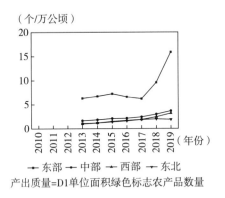

产出质量=D1单位面积绿色标志农产品数量

图 2-8   2010—2019 年四大区域产出质量的变化趋势

第三节   省级层面农业绿色发展现状分析

基于省级层面的视角，对农业绿色发展的四个维度展开对比分析，刻画不同省份在 2019 年资源投入、化学品投入、产出能力和产出质量上的省际差异性。

一   不同省区农业绿色发展的资源投入分析

在资源投入层面上，分析 2019 年耕地复种指数（A1）、节水灌溉面积比重（A2）、单位播种面积农业机械总动力（A3）和单位劳动力实际产值（A4）的省际差异性。

（一）不同省区耕地复种指数及其变化情况

耕地复种指数由低到高，排名前三位的省份是西藏、甘肃和内蒙古，排名后三位的是广东、湖南和江西。由图 2-9（a）可知，2019 年排名前三的省份是西藏、甘肃和内蒙古，均位于西部，其次是辽宁、吉林、黑龙江，均位于东北；排名后三位的省份是广东、湖南和江西，多位于中部。由此可以看出，省份排名和图 2-5（a）中东北居低、中部居高的区域排位情形较为一致。排名最后一位的广东耕地复种指数为 2.29，排名首位的西藏为 0.61，从省份间的差异性来看，相邻排位地区的耕地复种指数差距较小，省际间耕地利用强度的落差相差不大。

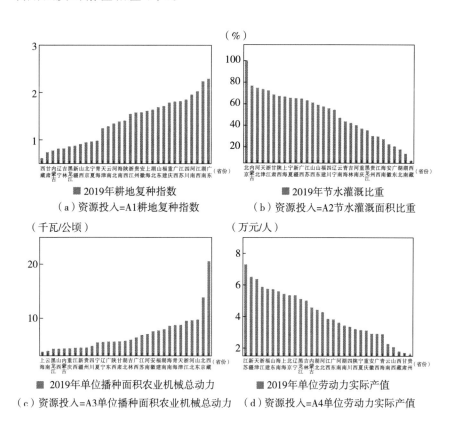

（a）资源投入=A1耕地复种指数

（b）资源投入=A2节水灌溉面积比重

（c）资源投入=A3单位播种面积农业机械总动力

（d）资源投入=A4单位劳动力实际产值

图 2-9　2019 年不同省份资源投入的现状

（二）不同省区节水灌溉发展情况

节水灌溉面积比重由高到低，排名前三位的省份是北京、内蒙古和河北，排名后三位的是西藏、湖南和湖北。由图 2-9（b）可知，2019 年节水灌溉面积比重排名前三位的省份为北京、内蒙古和河北，多位于东部；排名后三位的省份为西藏、湖南和湖北，多位于中部。与图 2-5（b）对比可知，省份排名和区域排名东部居高、中部居低的情形一致。从省份间的差异性来看，北京与相邻排位的内蒙古落差较大，2019 年，排名第一位的北京节水灌溉面积比重已达 100%，远高于排名第二位的内蒙古的 77.76%，表明北京在节水设施发展方面优势明显；除此之外，其他相邻地区的节水灌溉面积比重无明显落差。

（三）不同省区农业机械总动力及变化

单位播种面积农业机械总动力由低到高，排名前三位的省份是上海、云南和黑龙江，排名后三位的是西藏、北京和山东。由图 2-9（c）可知，2019 年单位播种面积农业机械总动力居前三位的省份为上海、云南和黑龙江；排名后三位的省份为西藏、北京和山东，多位于东部。与图 2-5（c）对比可知，省份排名和区域排名东部居高的情形基本一致。从省份间的差异性来看，西藏、北京与相邻排位落差较大，2019 年，除排名最后的西藏外，北京的单位播种面积农业机械总动力达 13.97 千瓦/公顷，北京在降低农业机械使用强度、缩小地区差距方面仍具有较大潜力。

（四）不同省区农业劳动力情况及变化

单位劳动力实际产值由高到低，排名前三位的省份是江苏、新疆和天津，排名后三位的是贵州、甘肃和西藏。由图 2-9（d）可知，2019 年排名前三位的省份为江苏、新疆和天津，多位于东部，排名后三位的省份为贵州、甘肃和西藏，均位于西部。由此可以看出，省份排名和图 2-5（d）中东部居高、西部居低的区域排位情形较为一致。排名首位的江苏单位劳动力实际产值为 7.29 万元/人，排名末尾的贵州为 1.59 万元/人。从省份间的差异性来看，相邻排位地区的单位劳动力实际产值差距较小，表明邻近省际间农业劳动力生产率无明显落差。

二　不同省区农业绿色发展的化学品投入分析

在化学品投入层面上，分析 2019 年化肥施用强度（B1）、农药施用强度（B2）和农膜使用强度（B3）的省际差异性。

（一）不同省区化肥施用强度及变化

化肥施用强度由低到高，排名前三位的省份是青海、黑龙江和贵州，排名后三位的是北京、海南和福建。由图 2-10（a）可知，2019 年化肥施用强度排名前三位的省份为青海、黑龙江和贵州，多位于西部；排名后三位的省份为北京、海南和福建，均位于东部。与图 2-6（a）对比可知，省份排名和区域排名东部居高、西部居低的情形一致。从省份间的差异性来看，北京、海南和福建显著高于其他地区，2019 年化肥施用强度分别为 696.68 千克/公顷、684.08 千克/公顷、664.42 千克/公顷，其他相邻地区无明显落差，排名首位的青海化肥施用强度为 111.83 千克/公顷。

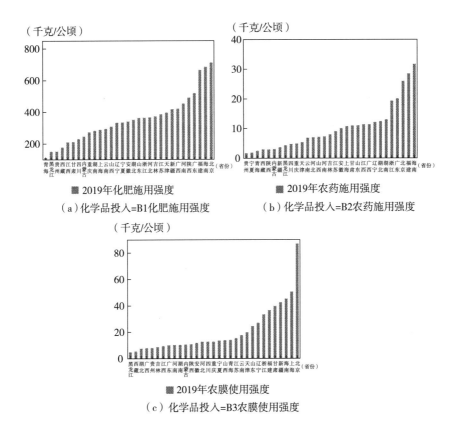

（千克/公顷）

■2019年化肥施用强度
（a）化学品投入=B1化肥施用强度

（千克/公顷）

■2019年农药施用强度
（b）化学品投入=B2农药施用强度

（千克/公顷）

■2019年农膜使用强度
（c）化学品投入=B3农膜使用强度

图 2-10　2019 年不同省份化学品投入的现状

（二）不同省区农药施用强度及变化

农药施用强度由低到高，排名前三位的省份是贵州、宁夏、青海，排名后三位的是海南、福建和北京。由图 2-10（b）可知，2019 年农药施用强度排位情况与化肥施用强度相似，排名前三位的省份贵州、宁夏、青海，均位于西部；排名后三位的省份为海南、福建和北京，均位于东部。与图 2-6（b）对比可知，省份排名和区域排名东部居高、西部居低的情形相吻合。从省份间的差异性来看，海南、福建和北京显著高于其他地区，2019 年农药施用强度分别为 31.65 千克/公顷、28.45 千克/公顷、25.97 千克/公顷，而排名首位的贵州农药施用强度为 1.68 千克/公顷。

（三）不同省区农膜使用强度及变化

农膜使用强度由低到高，排名前三位的省份是黑龙江、西藏和湖北，排名后三位的是北京、上海和海南。由图 2-10（c）可知，2019 年农药施用强度排名前三位的省份为黑龙江、西藏和湖北，均不在东部；排名后三位的省份为北京、上海和海南，均位于东部。与图 2-6（c）对比可知，省份排名和区域排名东部居高的情形较吻合。从省份间的差异性来看，北京与其他地区差距明显，2019 年农膜使用强度为 86.95 千克/公顷，远超邻近排位的上海 50.55 千克/公顷，而排名首位的黑龙江农膜使用强度仅为 4.86 千克/公顷。

三　不同省区农业绿色发展的产出能力分析

在产出能力层面上，分析 2019 年单位面积粮食产量（C1）和单位面积农业实际产值（C2）的省际差异性。

（一）不同省区实物形态的农业生产效率

单位面积粮食产量由高到低，排名前三位的省份是上海、辽宁和新疆，排名后三位的是青海、贵州和陕西。由图 2-11（a）可知，2019 年排名前三位的省份是上海、辽宁和新疆；排名后三位的省份为青海、贵州和陕西，均位于西部。由此可以看出，省份排名和图 2-7（a）中西部居低的区域排位情形一致。排名首位的上海单位面积粮食产量为 8169.89 千克/公顷，远高于排名第二位的辽宁 6965.14 千克/公顷，排名末尾的青海为 3766.6 千克/公顷。从省份间的差异性来看，除上海与相邻排位的辽宁相差较大外，其他相邻地区的单位面积粮食产量差距相对较小，整体上相邻排位省际间的粮食生产能力落差较小。

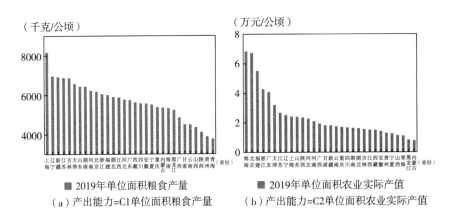

图 2-11 2019 年不同省份产出能力的现状

（二）不同省区价值形态的农业生产效率

单位面积农业实际产值由高到低，排名前三位的省份是海南、北京和福建，排名后三位的是内蒙古、黑龙江和青海。由图 2-11（b）可知，2019 年排名前三位的省份是海南、北京和福建，均位于东部；排名后三位的省份为内蒙古、黑龙江和青海，多位于西部。由此可以看出，省份排名和图 2-7（b）中东部居高、西部居低的区域排位情形一致。排名首位的海南单位面积粮食产量为 6.83 万元/公顷，排名第二位的北京为 6.73 万元/公顷，排名末尾的内蒙古为 0.8 万元/公顷。从省份间的差异性来看，海南和北京较为领先，其他相邻地区的单位面积农业实际产值差距相对较小。

四 不同省区农业绿色发展的产出质量分析

在产出质量层面上，分析 2019 年单位面积绿色标志农产品数量

（D1）的省际差异性。

单位面积绿色标志农产品数量由高到低，排名前三位的省份是上海、北京和浙江，排名后三位的是贵州、新疆和陕西。由图 2-12 可知，2019 年排名前三位的省份是上海、北京和浙江，均位于东部；排名后三位的省份为贵州、新疆和陕西，多位于西部。由此可以看出，省份排名和中东部居高、西部居低的区域排位情形一致。排名首位的上海单位面积绿色标志农产品数量为 71.3 个/万公顷，排名第二位的北京为 37.75 个/万公顷，排名末尾的贵州为 0.76 个/万公顷。从省份间的差异性来看，上海和北京要远远高于其他省份，其他相邻地区的单位面积绿色标志农产品数量差距相对较小。

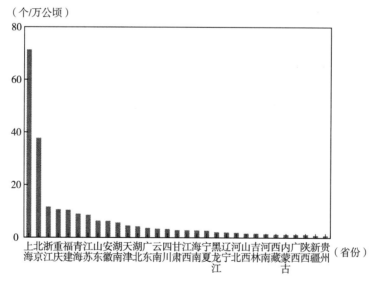

■ 2019年单位面积绿色标志农产品数量

产出质量=D1单位面积绿色标志农产品数量

图 2-12　2019 年不同省份产出质量的现状

第三章 农业绿色发展中的
理论问题

农村改革开放 40 多年来，中国农业发展实现了高速增长，从数量上解决了供应不足问题，但在质量方面、结构方面发展不平衡不充分的问题非常突出，需要大力推进农业绿色发展。新发展阶段，为更好地推动农业绿色发展，需要从理论上分析探索农业绿色发展中的关键问题，以便更好地指导农业绿色发展的实践。

第一节 农业绿色发展的战略定位及理念

党的十九大报告提出实施乡村振兴战略，坚持农业农村优先发展，按照产业兴旺、生态宜居、乡风文明、治理有效、生活富裕的总要求，加快推进农业农村现代化。2017 年的中央农村工作会议强调，走中国特色社会主义乡村振兴道路，坚持质量兴农、绿色兴农，实施质量兴农战略，加快推进农业由增产导向转向提质导向。

一　农业绿色发展的战略定位

中华人民共和国成立之初，毛泽东同志就提出了"农业是国民经济的基础"的理论，全面深刻地揭示了农业与国民经济各部门间的客观内在联系，阐述了农业在国民经济中的重要地位，极大地丰富了马克思列宁主义政治经济学（瞿孟飞，1960）。从经济建设视角来看，工业和农业是国民经济中两个重要的物质生产部门，是国民经济的两条腿，农业更是国民经济发展的基础。以农业为基础体现出两个基本点：一是农业的发展水平，决定了工业发展的速度和规模；二是工业必须为农业服务，必须充分地为农业供应技术装备，为农业技术改造提供支撑，同时在此过程中实现自身的发展（许涤新，1962）。

改革开放之后，中国在经济体制改革进程中选择了市场经济体制，逐步替代了计划经济体制，市场日益在资源配置中发挥了基础性作用。在此过程中，农业在国民经济中的比重也逐步下降。市场经济条件下，如何认识农业的基础地位成为一个重要的理论和实践课题（黄守宏，1994）。依据中国国情，必须坚持把加强农业放在首位，全面推进国民经济持续增长，并将其作为中国社会主义现代化建设的一个长期基本战略方针（于光远，1979；段应碧，1997）。进入新时代之后，中国有效地解决了农产品供求矛盾，但依然需要强调农业的国民经济基础地位（陈锡文，2002），把农业放在整个国民经济协调发展的全局和世界视野的高度上。党的十八届三中全会提出，让市场在资源配置中起决定性作用，同时要更好发挥政府作用。

党的十九大报告指出，中国经济已由高速增长阶段转向高质量发展阶段。2020 年 7 月 30 日，中共中央政治局会议作出了一个重大形势判断：中国已进入高质量发展阶段。这个判断为农业绿色发展提供了方向指引，也提出了更高、更严的要求。在实施乡村产业振兴，推动乡村振兴战略进程中，农业的经济、生态、社会和文化等多功能性日益得到关注，应全面认识农业的基础地位。农业不仅是国民经济的基础，更是人民群众身体健康的保障，同时，也是实现"双碳"目标的重要部门。在此背景之下，农业绿色发展的地位及作用尤为突出，一是提供优质安全健康的农产品，保障国人身体健康；二是减少各类化学投入品的使用，保障生产环境系统健康；三是减少生产过程中的碳排放，助力大气环境系统健康；四是提升农业绿色发展水平，助力社会经济系统健康。

二 农业绿色发展的理念确立

农业绿色发展体现的重要理念是"绿色发展"，这是对发展规律的科学反映，是中国共产党人对自然界发展规律、人类社会发展规律、中国特色社会主义建设规律在理论认识上的升华和飞跃，更是对全球生态环境的变化和中国当前发展所面临的突出问题的积极回应。

绿色发展理念推动了农业发展观的革新。众所周知，改革开放40 多年来，中国农业发展取得了世界瞩目的巨大成就，与此同时，也付出了沉痛的资源环境代价。当前，人民群众对优质安全的农产品、清新的空气、洁净饮用水等生态产品的需求日益强盛，在上述资源环境背景之下农业难以实现充分的发展，从而导致生态产品供需之间的矛盾。农业绿色发展回应了时代需要，充分体现了以人为本的思想。在绿色发展理念引领之下，建立与当前农业生产力发展水平相适应的绿色生产关系，特别是以绿色发展为导向的制度体系，形成农业发展新格局，更好地与资源环境承载力相匹配、与生产生活生态相协调，从农业发展源头主动预防和控制风险，实现农业绿色发展，提供优质安全农产品，为人民群众身体健康提供保障。

众所周知，健康是人民幸福和社会发展的基础，是全国人民对美好生活的共同追求。党的十九大报告提出，实施健康中国战略，将健康提升到了前所未有的高度。围绕着健康中国建设，先后出台了《"健康中国2030"规划纲要》《国务院关于实施健康中国行动的意见》《健康中国行动（2019—2030年）》等一系列政策措施及行动方案。国民的健康意识普遍提高，比以往任何时候都关注食品安全问题。特别是对农产品的品质、品味、品相的要求更高，而且对优质安全健康农产品的消费需求更旺盛。新发展阶段，实现农业绿色发展，需要牢固树立以人为本，健康引领的理念，坚持质量第一、安全至上，全面提高绿色供给能力，满足人们日益增长的美好生活需要，助力健康中国战略的实施。

第二节　农业绿色发展的动因及核心

农村改革开放 40 多年来，特别是近些年来，农业实现快速发展的同时，生态环境亮起了"红灯"，农产品质量触碰了"底线"，优质安全农产品供给不能满足人民日益增长的美好生活需要。本部分阐述新时代农业绿色发展的动因、核心及目标定位。

一　农业绿色发展的动因

党的十八届五中全会提出的绿色发展理念，特别是随后国家出台的一系列推动绿色发展的政策措施，为农业实现绿色转型发展提供了宏观政策环境。

（一）实现"双碳"目标的内在要求

气候变化是全人类面临的共同挑战，关乎子孙后代的福祉。当前气候变化问题日趋严峻紧迫，已经从未来的挑战变成正在发生的危机，迫切需要全球共同努力，构建人类命运共同体。中国政府提出，二氧化碳排放力争于 2030 年前达到峰值，努力争取 2060 年前实现碳中和。"双碳"目标的提出既是为了应对气候变化，更是为了中国的可持续发展，同时也为农业发展指明了新方向，提出了新要求。据联合国粮农组织最新研究报告，2018 年，粮食体系排放的二氧化碳当量高达 160 亿吨，较 1990 年增加了 8%。粮食体系排放量占人为温室气体排放总量的 33%，农场生产、生产上下游排放（主要由供应链、消费和浪费产生）占二氧化碳排放的 2/3。这些数据表明，农业是实现"双碳"目标的重要领域。

"双碳"目标的提出，倒逼农业生产方式的绿色转型，从产前绿色投入品开发使用，到产中绿色技术模式的创新，到产后农业废物的资源化利用，全链条实现面源污染物流量的减少，推动农业绿色发展。《"十四五"全国农业绿色发展规划》明确提出，将多措并举推进农业绿色发展。这不仅是全面落实"绿水青山就是金山银山"理念，确保农产品质量安全的战略选择，也是为 14 亿多中国人健康提供保障，助力健康中国战略实施的根本路径。因此，农业绿色发展是实现"双碳"目标的内在要求。

（二）防治农业面源污染的现实需要

当前，农业发展进入 4.0 模式，即生物农业、化学农业与数字农业并存，农业发展所承受的内源性污染压力，已经超过了外源性污染压力，农业已超过工业成为中国最大的面源污染产业。近年来，国家采取了一系列措施推动农业面源污染防治，但为什么一直未能诱导出生产主体减少化肥、农药、除草剂及杀虫剂的施用量行为，相反使化肥、农药、塑料薄膜等化学投入品呈现不断增长的态势，畜禽养殖废弃物资源化利用程度低，农药包装物、废弃农用薄膜等未能有效回收等，由此导致的农业面源污染日益严重。要实现农业绿色发展，必须保持农业生产环境系统的健康，为此，必须基于农业面源污染特征，打好农业面源污染防治攻坚战（杨滨键等，2019）。

为贯彻党中央、国务院决策部署，推动农业绿色发展，农业部实施了畜禽粪污资源化利用行动、果菜茶有机肥替代化肥行动、东北地区秸秆处理行动、农膜回收行动和以长江为重点的水生生物保护行动等农业绿色发展五大行动，并印发了《2017 年农业面源污染防治攻坚战重点工作安排》，提出要按照"重点突破、综合治理、循环利用、绿色发展"的要求，探索农业面源污染防治有效支持政策，要努力把面源污染加重的趋势降下来。

（三）满足消费者生态需求的根本保证

党的十九大报告指出："中国特色社会主义进入新时代，中国社会主要矛盾已经转化为人民日益增长的美好生活需要和不平衡不充分的发展之间的矛盾。"随着人民生活水平的逐渐提高，在全面建成小康社会的决胜期，人民对安全优质农产品的需求日益迫切，这是人民日益增长的美好生活需要的重要组成部分。近些年来，中国经济实现了中高速增长，与此同时也带来了严重的资源破坏、环境污染问题。"保护生态环境就是保护生产力"。针对日益严重的事关国人健康的水、土、大气污染问题，国家相继出台了"水十条""气十条""土十条"。近两年实施的中央环保督察实现了两大根本性转变：一是从环保部门牵头到中央主导的转变，二是从以查企业为主到"查督并举，以督政为主"的转变，这是中国环境监管模式的重大变革，对改善生态环境发挥了巨大作用。党的十九大报告将"防范化解重大风险、精准脱贫、污染防治"并列为全面建成小康社会的"三大攻坚战"，就是为了实现高质量发展，更是为了满足人民日益增长的美好生活需要。正如习近平总书记所强调的"良好生态环境是最普惠的民生福祉"。

除水、气、土之外，农产品质量安全也始终是党中央、国务院关注的重大问题之一。习近平总书记指出，民以食为天，加强食品安全工作，关系中国 13 亿人身体健康和生命安全。由此可见，实现农业绿色发展，保障农产品质量安全，是全面建成小康社会的迫切需要，更是破解新时代中国社会主要矛盾的重要举措。因此，实现农业绿色发展，确保农产品质量安全，是满足消费者生态需求的根本保证。

（四）提升农产品国际竞争力的必然要求

在经济全球化背景下，农产品的国际贸易日益频繁。有关研究表明，中国的农产品国际竞争力正在降低，以土地为代表的自然资源要素密集型农产品基本丧失了比较优势，但劳动密集型农产品依然具有较强的比较优势（帅传敏等，2003），随着劳动力成本的进一步提高，其比较优势也会逐渐降低。"绿色壁垒"是近年来国际贸易中出现的与生态环境紧密关联的一种新型贸易壁垒形式，通常表现为绿色关税、绿色市场准入、"绿色反补贴""绿色反倾销"、环境贸易制裁等。对农产品而言，一方面是其生产、使用、消费和处理都与环境密切相关，另一方面世界各国都对其实施了力度较大的保护措施。因此，绿色壁垒必然对国际农产品贸易产生重大的影响。作为传统的农产品出口国，加入 WTO 之后，中国农产品面临着更严格的绿色壁垒。对此，需要从正反两个方面进行分析。对农产品进口国而言，制定严格的绿色标准，将不符合其标准的农产品拒之门外，无疑是出于对本国消费者健康的考虑，当然也不排除故意的贸易保护主义。对农产品出口国而言，由于受绿色壁垒的限制，农产品国际贸易受到巨大影响，削弱了其农产品在国际市场上的竞争力，影响了农业创汇能力。这就迫切要求农产品出口国必须提高农产品品质，并且逐渐将其标准与进口国相互认可，从而提高农产品的国际竞争力。

实事求是地讲，中国农产品质量在国际市场上的总体竞争力太弱，应对绿色壁垒的能力不足，因质量达不到进口国的绿色标准而被退回的事件时有发生，一方面可能是由于彼此之间绿色标准不一致造成的，另一方面也说明中国农产品质量依然存在一些问题。因此，推动农业绿色发展，提高农产品品质，是全面提升中国农产品国际市场竞争力的必然要求。

（五）增加农民收入的有效途径

中国农业农村发展进入新时代，也出现了很多新问题。对农业生产而言，主要表现在两个方面：一是粮食供求品种结构的失衡，从而出现了产量、进口量和库存量齐增的现象；二是相对于现代农业而言，中国农业经营规模依然较小，由此带来比较高的农业生产成本。这在一定程度上影响了农民家庭经营性收入。与此同时，农业发展的外部环境、内在条件都发生了深刻变化，农民增收越来越受到国民经济和全球一体化发展的深刻影响，持续增收有机遇，但也有压力和挑战（张红宇，2015）；农村居民收入增长乏力已成为中国经济发展中的突出问题，到 2020 年要实现全面建成小康社会的战略目标，需要实现农民收入的超常规增长。但从本质上来看，实现农民收入的超常规增长，不仅需要技术、资金、劳动力、土地等传统要素的优化组合，更需要依靠改革创新驱动来引领新兴要素优化配置（王小华、温涛，2017）。

"让农业成为有奔头的产业。"① 要实现农民收入超常规增长，必须进一步稳定家庭经营收入。为此，一是要实现农业绿色发展，把优质、绿色、生态、安全的农产品生产摆在突出位置，要培育农产品品牌，实现优质优价。二是要结合农业绿色发展，大力推广节水节药节肥节电节油技术，降低农业生产资料、人工、流通等成本。三是要引导发展适度规模经营，通过扩大生产经营规模来增加农民收入。

在稳定农业生产传统业态的同时，需要培育农业发展的新业态，拓宽农业增收新渠道，把农业多功能价值发掘出来，包括培育休闲农业、乡村旅游、创意农业、农村电子商务等新产业、新业态，而这些新业态的发展必须以农业绿色发展为前提。因此，实现农业绿色发展，是提高农民收入的有效途径。

二　农业绿色发展的核心

从理论上来讲，要实现农业绿色发展，提升优质、安全、健康农产品的供给能力，为消费者健康提供最有效的保障，必须要保持健康优质的耕地土壤、灌溉用水水质、农作物种子，这是农业绿色发展的三大核心。

（一）农业生产的水土质量

生态学意义上的生产是指绿色植物利用太阳能通过光合作用将二氧化碳和水转化为有机物，并释放氧气的过程。基于此，狭义的

---

① 《中共中央　国务院关于实施乡村振兴战略的意见》，http://www.gov.cn/zhengce/2018-02/04/content_5263807.htm。

农业即种植业，包括粮食作物、经济作物、饲料作物和绿肥等农作物的生产，是指利用植物的生活机能，通过人工培育以取得粮食、副食品、饲料和工业原料的社会生产部门。农业生产最基本的投入要素是耕地、淡水等资源，也就是说，农业生产既是耕地、淡水等资源的使用过程，也是改变它们质态的过程。从人类发展的历史来看，农业是人类社会最古老且在社会经济中占主导地位持续时间最长的产业。在这个漫长的过程中，农业生产与水土资源之间相互影响，共同演变。换句话说，环境友好的农业生产方式，有助于水土资源的保护；反过来，优质的耕地土壤、优质的灌溉用水，可以为农业生产提供保障，确保农产品质量的优质安全，进而推动农业绿色发展。

进入新发展阶段，农业绿色发展最根本的目标在于，为14多亿中国人提供优质、安全的农产品，满足人民日益增长的美好生活需要，更好地破解新时代社会主要矛盾。正如上面所阐述的，耕地土壤质量、灌溉水资源水质直接决定农产品的品质。因此，农业绿色发展的核心问题就是耕地资源、水资源的保护，不但要保护一定数量的优质耕地，以及足量的农业生产用水，更重要的是耕地土壤质量、灌溉用水水质的保护（于法稳，2018）。这两大核心是确保农产品品质，实现农业绿色发展，助力健康中国战略实施的关键。农业新型经营主体、土地流转、技术支撑、市场贸易等，作为实现农业绿色发展的路径、措施和保障，也需要紧紧围绕着上述两大核心，更好地提高农业综合生产能力、土地生产效率以及农产品的国际市场竞争力。

（二）农作物的种子

农业生产中种子的重要性是不言而喻的，没有种子就无法实现农产品的供给。种子是农业生产最基本、最主要的生产资料，它既是农业生产资料中比较特殊、不可替代的部分，也是各项农业技术、农业生产资料发挥作用的载体，市场化之后种子已成为一种科技含量较高的特殊商品。

众所周知，中国传统的农业自古以来就是精耕细种，在农村改革开放之前及初期，农业生产所用种子都是农户从祖辈传下来的自留种子，挑选的种子都是产量最高、品相最好的。当今，农业生产只能依靠商品化的种子，这些种子无法留种而实现持续利用，农户每年购买种子也增加了农业生产成本。况且，种子的主动权一旦被国外种子集团所控制，将会对国家粮食安全产生巨大影响。特别是，近些年来争论较大的转基因种子问题，转基因产品是否对人类具有危害，目前做任何结论都为时尚早。需要做的是，国家在转基因理论研究方面应加大资金投入，实现转基因技术储备，保障中国转基因理论与技术不落后，为未来适当时机应用转基因技术实践做准备。

习近平总书记指出，中国人的饭碗要牢牢端在自己手中，就必须把种子牢牢攥在自己手里。粮食安全是"国之大者"，而种子作为粮食的"芯片"，其安全事业关乎中国粮食安全、国家安全、人民安全。当前，中国种业自主创新技术水平还有差距，种业发展还存在一些亟待攻克的短板、弱项。为此，应加大育种核心技术创新，加快解决制约种业发展的关键问题，加强良种技术攻关，为端稳端牢中国饭碗，实现农业绿色发展提供坚实支撑。

三　农业绿色发展的目标定位

前面已经提到，农业绿色发展的最根本的目标在于提供优质安全的农产品。同时，农业绿色发展还可以实现农业生产环境系统健康，以及助力"双碳"的实现。

（一）提供优质安全农产品

在 2016 年中央经济工作会议上，习近平总书记指出推进农业供给侧结构性改革，要把增加绿色优质农产品供给放在突出位置。当前，人民群众对农产品的品质、品相、品味要求不断提高，对农产品安全性的关注度与日俱增，农产品消费市场的需求特点，倒逼了农业生产的绿色转型。因此，推进农业绿色发展，就是要增加优质、安全、特色农产品供给，促进农产品供给由主要满足"量"的需求向更加注重"质"的需求转变，以满足人民群众日益增长的美好生活需要。

（二）改善农业生产环境

农业生产环境与农业绿色发展之间具有双向作用。一方面，基于生产视角，农业绿色发展需要有一个健康的生态环境，特别是优质的水土资源，为农产品质量安全提供生态保障；另一方面，基于环境视角，农业绿色发展中通过采用有机肥替代化肥、病虫害生物防控等绿色生产技术，或者种植业与养殖业紧密结合的循环型生态农业模式，减少农业生产过程中对环境的负向影响，保障农业绿色发展方式对环境是友好的，进而改善和提升农业生产环境质量。

（三）助力"双碳"目标的实现

正如上面所讲，农业是二氧化碳等温室气体排放的第二大产业，转变农业生产方式，推进农业绿色发展，从源头上减少农业碳排放，同时，注重发挥农业生态系统的碳汇功能，也是助于"双碳"目标实现的有效路径。从实现"双碳"目标的实践来看，重视的是二氧化碳的减排，对非二氧化碳的碳源没有给予足够的关注。甲烷是仅次于二氧化碳的第二大温室气体，主要源于稻田。为此，应充分重视稻谷生产中甲烷的控排，助力"双碳"目标的实现。《"十四五"全国农业绿色发展规划》的总体要求，落实中央碳达峰、碳中和重大战略决策，加快农业全面绿色转型升级，农业减排固碳和应对气候变化能力不断增强，农业用能效率有效提升。

第三节　农业绿色发展的内涵
特征及重要关系

新发展阶段，农业绿色发展是破解社会主要矛盾的一个重要方面。正如上面所阐述的，农业的基础性地位不能再仅仅局限于经济的视角，应从健康的视角进行拓展。2022年中央一号文件提出粮食安全底线前提下，实现农业绿色发展需要处理好一些重要关系。

一　农业绿色发展的内涵特征

简单而言，农业绿色发展是指遵循绿色发展理念，在确保粮食安全的前提下，以生产方式绿色化为手段，以水土资源质量保护为核心，以质量标准化体系为指导，以提升农产品质量为根本，以国内外两个市场为导向，实现农业生产环境改善、农产品质量和市场竞争力提升的一种发展。

（一）农业绿色发展的理念：生态优先、绿色发展

党的十八届五中全会提出绿色发展新理念，绿色发展逐渐成为新时代的主旋律。在推进农业绿色发展中，应全面树立生态优先、绿色发展理念，全面践行"绿水青山就是金山银山"的科学论断，通过生产方式的绿色化，减少化学投入品流量的同时，通过面源污染防治减少存量，在提升农业生产环境质量的同时，确保农产品质量安全，提升农业生态产品供给能力，以满足消费者日益增长的优质安全农产品需求，助力健康中国战略的实施。

（二）农业绿色发展的目标：提升农业生态产品供给能力

新时代，洁净的空气、清洁的饮水、安全的食品等主要生态产品供应不充分是社会主要矛盾的一个重要方面。在农业生产领域，突出表现为优质安全农产品供应的严重不足，以及区域之间的显著差异。因此，农业绿色发展应立足于为14亿国人提供安全优质的农业生态产品。从这个意义上讲，农业绿色发展也是破解社会主要矛盾的一条重要途径。

（三）农业绿色发展的路径：生产方式的绿色化

通过农业生产方式的绿色化，可以减少对自然生态环境的影响以及农业生产环境的污染。农业生产方式的绿色化，一方面可以减少化肥、农药等主要化学投入品的流量，另一方面通过实施农业面源污染防治攻坚战，减少污染物存量，实现农业生产环境的改善与提升，为农业绿色发展奠定良好的生态基础。

（四）农业绿色发展的指导：质量标准化体系

推进农业绿色发展，实施农产品质量安全区域化管理，必须以质量标准化体系为指导，坚持"有标贯标，无标建标"，为农业绿色发展提供操作规范，实现农业生产的标准化，全面提升农产品质量。此外，农业绿色发展还需要科技创新体系、社会化服务体系提供保障。

（五）农业绿色发展的导向：国内外两个市场

实事求是地讲，中国农产品质量在国际市场上的总体竞争力太弱，应对绿色壁垒的能力不足，因产品质量达不到进口国绿色标准要求而被退回的事件时有发生，一方面可能是由于彼此之间绿色标准不一致造成的，另一方面也说明中国农产品质量存在一些问题。在国内市场上，消费者也越来越关注农产品的质量。因此，农业绿色发展应以国内外两个市场为导向，全面提升农产品品质，增强农产品的市场竞争力。

二　农业绿色发展中的重要关系

党的十九大报告指出，中国经济已由高速增长阶段转向高质量发展阶段，农业农村经济发展也到了这个阶段。中国农业生产能力的提高，为中国农业发展由增产导向转向提质导向提供了物质基础和社会条件。新发展阶段，实现农业绿色发展涉及不同的利益主体、不同的目标定位等，为此，需要处理好以下四个方面的关系（于法稳等，2019）。

（一）生态目标与经济目标之间的关系

在生态目标层面，其一，农业绿色发展作为破解新时代社会主要矛盾的一个重要路径，为消费者提供足够的安全优质农产品，以满足其日益增长的美好生活需要；农业绿色发展要求农业生产方式的绿色化，减少农业生产过程中化学投入品的施用量，减少导致农业面源污染的流量。其二，加强农业面源污染防治，减少农业面源污染的存量，以提升农业生产环境的质量，为农业绿色发展提供良好的生态基础。

在经济目标层面，农业绿色发展在实现生态目标的同时，能否实现经济目标，这是基层政府及各类农业生产主体所关注的重要问题。在推进农业绿色发展中，需要从国家宏观层面对保障农业生产主体的利益，推动农村经济的发展等方面给予充分的考虑，以实现国家生态目标与基层政府、农业生产主体经济目标的相互统一。

（二）数量目标和质量目标之间的关系

改革开放40多年来，中国农业生产取得了举世瞩目的巨大成就，稳定地解决了14多亿中国人的"吃饱"问题。同时，也应清晰地看到，目前优质安全健康农产品的供应并不充足、不均衡，无法满足人民日益增长的美好生活需要。特别是，随着社会经济的不断发展，人民生活水平的不断提高，对安全优质农产品的需求会更加旺盛。因此，在推进农业绿色发展过程中，需要正确处理数量增长和质量安全之间的关系。农业绿色发展必须通过农业生产方式的绿色化、产业结构的科学化、产业布局的区域化，实现农业新旧动能转化，培育农业绿色发展新动能，以农产品质量的提升促进数量的增长，在实现充分供应的同时，实现质量的保障。

（三）政府与市场之间的关系

在农业绿色发展中，正确处理好政府和市场的关系，更好地发挥市场在资源配置中的决定性作用，以及政府的引导作用及服务功能，这是推进农业绿色发展的重要原则，也是推进农业绿色发展的现实需要。农业绿色发展中，正确处理好政府与市场的关系，就是要充分发挥二者在不同层面的作用。对市场而言，为更好地发挥其作用，需提高对市场规律的认识和驾驭能力，提高市场资源配置的效率效能，推动土地、人力、资金等资源向优质农业企业和产品集中，发挥科技创新在农业绿色发展的作用。对政府而言，需要根据农业绿色发展的现实需要，采取有针对性的农业产业政策，推动农业产业结构升级和动力转换。同时，政府应加强和优化公共服务，加强市场监管，维护市场秩序，为农业绿色发展提供一个公平公正的环境。

（四）长期目标与短期目标之间的关系

推进农业绿色发展，为14多亿国人提供安全优质农产品，是关系到健康中国战略、乡村振兴战略能否得到实现，关系到中华民族能否健康延续下去的重大战略问题。因此，推进农业绿色发展，需要正确处理好短期目标与长期目标之间的关系。从长期目标来看，农业绿色发展要通过农业生产方式的绿色化，强化农业面源污染防治，依靠科技创新体系，提升农业生产环境的质量，构建农业经营体系，确保农产品质量安全，为消费者健康提供保障，助力健康中国战略及乡村振兴战略的实施。从短期目标来看，推进农业绿色发展面临优质耕地资源、水资源因配置到工业及生活领域而日益减少，农业面源污染导致的生产环境状况不容乐观，人民群众对安全优质农产品的需求不能得到满足等问题。农业在向绿色发展转型中又会带来潜在的风险，特别是缺乏新技术的科学评估，可能存在潜在的负面影响。因此，在推进农业绿色发展过程中，必须正确处理好短期目标与长期目标之间的关系，切实以为国人提供安全优质农产品为根本，有针对性地解决农业发展中存在的突出问题。

第四章 农业绿色发展评价及问题诊断

本章以环境因素作为非期望产出，建立投入产出指标体系，采用超效率非期望产出 SBM（Super Slack Based Measure）-Undesirable 模型和 Malmquist-Luenberger 指数，分别构建农业绿色生产效率的静态测度模型和动态测度模型，对农业绿色生产效率测算结果进行实证分析，并指明农业绿色发展存在的主要问题。

第一节 农业绿色生产效率评价模型与指标体系

本节在确定适宜的农业绿色生产效率评价模型的基础上，以中国 30 个省市区（除西藏外，由于该地区部分数据缺失，故删去）作为投入产出效率分析的决策单元，选取农业生产投入指标、期望产出指标和基于环境参数的非期望产出指标，构建农业绿色生产效率评价指标体系。

一　评价方法选择及模型构建

通过对数据包络分析 DEA（Data Envelopment Analysis）模型、超效率 SBM-Undesirable 模型和 Malmquist-Luenberger 指数这三种评价方法进行适宜性综合考量，选择农业绿色生产效率评价模型。

（一）DEA 模型

DEA 不需要事先估计参数及设定模型的具体形式就可以评价决策单元的相对效率，避免了人为主观因素的影响，在效率测算中得到了广泛的应用（潘丹等，2013）。它的出现可以追溯到 1978 年，由三名运筹学家 Charnes、Cooper 和 Rhodes 创立，在他们发表的论文中采用 DEA 理论方法测评不同部门间的相对有效性。因此，以他们三人名字的首字母来命名第一个 DEA 模型，即 CCR 模型。

CCR 模型假设规模报酬不变，未分离纯技术效率和规模效率，可用于研究同时技术有效和规模有效的决策单位，模型具体构建如下：

假设有 n 个决策单元，每个决策单元都有 p 种投入和 q 种产出，投入矩阵可以表示为 $\begin{bmatrix} x_{11} & \cdots & x_{1n} \\ \vdots & \ddots & \vdots \\ x_{p1} & \cdots & x_{pn} \end{bmatrix}$，产出矩阵可以表示为 $\begin{bmatrix} y_{11} & \cdots & y_{1n} \\ \vdots & \ddots & \vdots \\ y_{q1} & \cdots & y_{qn} \end{bmatrix}$。用 $X_j = (x_{1j}, x_{2j}, \cdots, x_{pj})^T$；$Y_j = (y_{1j}, y_{2j}, \cdots,$

$y_{qj})^T(j=1, 2, \cdots, n)$ 表示第 j 个决策单元的投入、产出向量。用 v_i 代表第 i 项投入的权系数，投入权重向量可以表示为 $V=(v_1, v_2, \cdots, v_p)^T$；用 u_j 代表第 j 项产出的权系数，产出权重向量可以表示为 $U=(u_1, u_2, \cdots, u_q)^T$。

因此，第 j 个决策单元的效率评价模型可以表示为：

$$\max U^T Y_j / V^T X_j \tag{4-1}$$

$$\text{s. t.} \begin{cases} \dfrac{U^T Y_j}{V^T X_j} \leq 1, \ j=1, 2, \cdots, n \\ U, \ V \geq 0 \end{cases} \tag{4-2}$$

为了求解上述模型，需要将其转化为线性规划式。令 $T^T=\dfrac{1}{V^T X_0}$，$\mu=UT$，$\omega=VT$，则公式（4-1）可以转化为：

$$\max U^T Y_0 \tag{4-3}$$

$$\text{s. t.} \begin{cases} \omega X_j - \mu Y_j \geq 0, \ j=1, 2, \cdots, n \\ \omega^t x = 1 \\ \omega, \ \mu \geq 0 \end{cases} \tag{4-4}$$

为了进一步分析模型的理论意义和经济意义，将上式利用对偶性质进行转换：

$$\min \theta \tag{4-5}$$

$$\text{s. t.} \begin{cases} \lambda Y \geq y_i \\ \lambda X \leq \theta x_i \\ \lambda \geq 0 \end{cases} \tag{4-6}$$

当 $\theta=1$ 时，该决策单元同时纯技术有效和规模有效；当 $\theta<1$

时，该决策单元相对无效。

（二）超效率 SBM-Undesirable 模型

DEA-CCR 模型是径向模型，用全部投入（产出）可以等比例缩减（增加）的程度来测算无效率程度，无法解决投入产出的松弛变量问题，对效率值的测算不准确。为了消除因松弛变量带来的偏差和影响，Tone 在 2001 年提出了非径向、非角度的 SBM 模型。

假设有 n 个决策单元，每个决策单元有 m 项投入指标和有 s 项产出指标，SBM 模型规划式如下：

$$\min\rho = \frac{1 - \frac{1}{m}\sum_{i=1}^{m} s_i^- / x_{ik}}{1 + \frac{1}{q}\sum_{r=1}^{q} s_r^+ / y_{rk}}$$

$$\text{s. t.} \begin{cases} X\lambda + s^- = x_k \\ Y\lambda - s^+ = y_k \\ \lambda,\ s^-,\ s^+ \geq 0 \end{cases} \tag{4-7}$$

其中，s_i^- 和 s_r^+ 分别是投入松弛变量和产出松弛变量，表示投入冗余量和产出不足量。

SBM 模型将松弛变量直接放入目标函数中，解决了变量的松弛问题，但采用 SBM 模型进行测算可能会出现多个决策单元效率值均为 1 的情况，此时这些决策单元都处于有效生产前沿面，无法进一步排序（周泽炯等，2013）。因此，为了解决这一缺陷，Tone 在 2002 年提出了超效率 SBM 模型，该模型可以对同时有效的决策单元进一步评价和排序。

去除决策单元 $(x_0,\ y_0)$，超效率 SBM 模型的规划式如下：

$$\delta = \min \frac{\frac{1}{m} \sum\limits_{i=1}^{m} \overline{x}_i / x_{i0}}{\frac{1}{s} \sum\limits_{r=1}^{s} \overline{y}_r / y_{r0}} \qquad (4-8)$$

$$\text{s. t.} \begin{cases} \overline{x} \geqslant X\lambda \\ \overline{y} \leqslant Y\lambda \\ \overline{x} \geqslant x_0, \ \overline{y} \leqslant y_0, \ \overline{y} \geqslant 0, \ \lambda \geqslant 0 \end{cases} \qquad (4-9)$$

超效率 SBM 模型测算生产效率时要求尽可能地减少投入，同时尽可能地扩大产出。但实际生产过程中会产生一些无益的、不符合预期的"非期望产出"，这些非期望产出必须尽可能地减少才能实现最佳的经济效率。为了解决非期望产出问题，Tone 在 2004 年基于超效率 SBM 模型，构建了超效率 SBM-Undesirable 模型。

超效率 SBM-Undesirable 模型的规划式如下：

$$\alpha = \min \frac{\frac{1}{m} \sum\limits_{i=1}^{m} \dfrac{\overline{x}_i}{x_{i0}}}{\frac{1}{s_1+s_2} \left(\sum\limits_{r=1}^{s_1} \dfrac{y_r^g}{y_{r0}^g} + \sum\limits_{r=1}^{s_2} \dfrac{y_r^b}{y_{r0}^b} \right)} \qquad (4-10)$$

$$\text{s. t.} \begin{cases} \overline{x} = X\lambda \\ \overline{y^g} = Y^g\lambda \\ \overline{y^b} = Y^b\lambda \\ \overline{x} \geqslant 0, \ \overline{y^g} \geqslant y_0^g, \ \overline{y^b} \geqslant y_0^b, \ \lambda \geqslant 0, \ y^g \geqslant 0 \end{cases} \qquad (4-11)$$

（三）Malmquist-Luenberger 指数

上述的 SBM 模型测度的是静态效率，但生产过程一般是长期的、连续的（胡晓琳，2016），为了测算一个长期的生产过程中生

产效率的动态变化，需要采用 Malmquist 指数。Malmquist 指数由
Malmquist 于 1953 年提出，可以测算全要素生产率变化，但未考虑
到环境因素的影响。为了解决这一问题，Chung 等（1997）提出了
加入非期望产出的 Malmquist-Luenberger 指数。

假设每个决策单元有 N 项投入指标 $x = (x_1, x_2, \cdots, x_n) \in R_+^N$，
M 项产出指标 $y = (y_1, y_2, \cdots, y_m) \in R_+^M$ 和 I 种非期望产出 $b = (b_1,$
$b_2, \cdots, b_i) \in R_+^I$。$ML$ 指数计算公式为：

$$ML_t = \frac{1 + \overline{D}_t(x_t, y_t, b_t; y_t, -b_t)}{1 + \overline{D}_t(x_{t+1}, y_{t+1}, b_{t+1}; y_{t+1}, -b_{t+1})} \qquad (4-12)$$

$$ML_{t+1} = \frac{1 + \overline{D_{t+1}}(x_t, y_t, b_t; y_t, -b_t)}{1 + \overline{D_{t+1}}(x_{t+1}, y_{t+1}, b_{t+1}; y_{t+1}, -b_{t+1})} \qquad (4-13)$$

$$ML = (ML_t \times ML_{t+1})^{1/2} \qquad (4-14)$$

其中，ML_t 表示在 t 时期，t 至 $t+1$ 时期的环境绩效变化率，
ML_{t+1} 表示在 $t+1$ 时期，t 至 $t+1$ 时期的环境绩效变化率。ML 指数可
以分解为技术效率变化指数 EC（Technical Efficiency Change）和技
术进步率 TC（Technological Change），ML 指数 = 技术效率变化指数
$EC \times$ 技术进步率 TC。

二　评价指标体系构建

依据农业绿色生产效率评价指标选取原则，选取资本、动力、
资源等作为农业生产投入指标、农林牧渔业总产值作为期望产出指
标、农业面源污染排放量作为非期望产出指标，构建投入产出指标
体系。

（一）指标选择原则

由于效率测算涉及多个投入产出指标，参考以下原则，力求科学地选取指标。

（1）综合性原则：一般而言指标体系中指标数量越多，效率评价体系就越完善，但考虑到 DEA 模型对决策单元 DMU 及投入产出指标数量的内在要求，过多的投入产出指标会导致模型区别能力不足，所以应科学地选择综合性、代表性强的指标。

（2）科学性原则：在构建效率评价指标体系时，应在科学的理论基础上，结合中国农业实际情况，既要考虑到农业生产系统的特点，也要考虑到生态环境系统的特点（赵京等，2022）。同时，指标体系涉及多个省市，还要考虑到各省市的指标的可比性。

（3）可获得性原则：在选取指标时要考虑数据的可获得性，针对农业方面的指标统计值较为不完善，要确保选取的各个指标的数据来源清晰可靠。

（二）投入指标选取

本章将农业生产投入指标分为资本、动力、资源和其他投入，所涉及农业均指广义农业。

（1）资本投入指标选取农林牧渔业固定资产存量（亿元），剔除价格因素影响，以 2005 年不变价表示。由于统计年鉴上只提供当年固定资产投资额，要将其转化为资本存量，国内外通用的永续盘存法，计算公式为：

$$K_t = K_{t-1} \times (1 - \delta_t) + I_t \tag{4-15}$$

其中，K_t 为当年农业固定资产存量，K_{t-1} 为上年农业固定资产存量，δ_t 为农业固定资产折旧率，I_t 为当年农业固定资产投资额。本章折旧率取值参考高鸣等（2015）方法，根据财政部《企业会计准则》和国务院《国营企业固定资产折旧试行条例》计算得到农业固定资产综合折旧率为 5.42%。

本章采用国际上常见的增长率法，计算以 2005 年为基期的农业固定资产存量，即采用 2006—2016 年的农业固定资产投资与 2006—2016 年中国各省投资的平均增长率与折旧率之和的比值，计算各省 2006—2016 年的资本存量。计算公式为：

$$K_t = \frac{I_t}{\delta_t + G_t} \qquad\qquad (4-16)$$

其中，G_t 为本章的样本数据 2006—2016 年各省的固定资产投资平均增长率。

（2）动力投入包括劳动力投入和机械动力投入。劳动力投入选择农林牧渔从业人员（万人），若要准确计量劳动力投入，应以劳动时间作为投入指标，但劳动时间数据难以获取，参考其他文献，选择农业从业人数作为投入指标。以农业机械总动力（万千瓦）作为机械动力投入指标，农业机械总动力指全部农业机械动力的额定功率之和。农业机械是指用于耕作、排灌、运输、畜牧业、林业、渔业等农业活动的机械和设备。

（3）自然资源投入包括水、土和能源投入。以农业用水量（亿立方米）作为水资源投入指标；以农作物总播种面积（千公顷）作为土地资源投入指标，虽然以耕地面积作为投入指标在属性上能更好地代表土地资源，但考虑到中国各省市耕地面积近年来较为稳定、波动较小且存在数据缺失，并且考虑到中国农业复种、休耕等现象较为普遍，所以本章选取农作物总播种面积作为土地投入指标；以各省市农林牧渔业能源消费总量（万吨标准煤）作为能源投入指标，主要包括原煤、汽油、柴油、电力等能源投入，有些省份的农业能源投入数据是实物量，需要根据国家能源折算标准系数换算成万吨标准煤的标准量（见表4-1）。

表 4-1　　　　　　　　　　国家能源折算标准系数

能源种类	原煤	汽油	柴油	电力
折标准煤系数	0.7143 千克标准煤/千克	1.4714 千克标准煤/千克	1.4571 千克标准煤/千克	1.4571 千克标准煤/千克（当量）

资料来源：中华人民共和国工业和信息化部。

（4）其他投入指标选取农用化肥施用量（万吨）。

（三）产出指标选取

1. 期望产出指标选取农林牧渔业总产值，剔除价格影响因素，以2005年不变价计算

采用广义农业产值而非狭义农业的理由：一是可以与投入指标保持一致，投入指标中的资本投入、机械动力、劳动力投入、资源投入等指标都是广义农业口径，因此采用广义农业产值作为产出指标。若选择狭义农业作为研究对象，通常的处理方式是根据种植业产值占广义农业产值的比例将投入指标进行分离，但按单一比例分离过多的投入指标，得到的数据不准确。二是除种植业外，畜禽养殖业也是农业面源污染的重要源头，为了全面地考察农业面源污染对生产效率的影响，所以选择广义农业口径（薛蕾等，2020）。

2. 非期望产出指标的选取考虑到数据的可获得性及代表性，选择农业面源污染等标排放量作为非期望产出指标

根据近年来的环境统计年报，农业源的面源污染主要来自畜禽养殖业的 COD、TN、TP 排放，以及种植业化肥施用流失带来的 TN、TP 排放。所以本章采用的面源污染数据主要包括化学需氧量排放量 COD、总氮排放量 TN 和总磷排放量 TP。

由于自 2011 年以来统计部门才开始单独核算农业源的面源污染相关数据，所以此前年份有较多数据缺失。为了计算缺失数据，本章采用其他文献中广泛使用的清单分析法和源强系数法来核算农业面源污染排放量。根据《第一次全国污染源普查公报》调查数据，种植业和畜禽养殖业总氮流失量占广义农业流失量的 96.97%，种植业和畜禽养殖业总磷流失量占广义农业流失量的 94.52%，畜禽养殖业化学需氧量排放量占广义农业流失量的 95.78%。根据《中国环境统计年报》数据也可以计算出，2011—2015 年，种植业和畜禽养殖业总氮流失量占广义农业流失量的均值为 98.20%，种植业和畜禽养殖业总磷流失量占广义农业流失量的均值为 97.08%，畜禽养殖业化学需氧量排放量占广义农业流失量的均值为 95.19%。因此，为了方便计算，本章以种植业和畜禽养殖业污染排放量来估算广义农业面源污染总排放量。

本章参考以往大多数污染测算文献，构建农业面源污染量计算公式：

（1）种植业面源污染量计算公式：化肥污染量=化肥施用量×产污系数×流失系数。

$$X = \sum X_{ijt} = \sum C_{ij} \times \rho_{ijt} = \sum T_i \times \theta_{ij} \times \rho_{ijt} \qquad (4-17)$$

其中，X 为种植业化肥面源污染排放量。T_i（$i=1$，2，3）为不同种类化肥施用量，包括氮肥、磷肥、复合肥（复合肥的氮磷钾养分比取 1：1：1）。θ_{ij}（$j=1$，2）为这三类化肥的总氮、总磷产污系数，根据每类化肥所含氮磷的折纯量来计算，氮肥、磷肥、复合肥的 TN 产污系数为 1、0 和 33.33%，氮肥、磷肥、复合肥的 TP 产污系数取值为 0、43.66% 和 14.55%（磷肥折纯量是指五氧化二磷的量，需乘以系数 43.66% 才得到 TP 的量），产污系数参考史常亮等（2016）研究。ρ_{ijt}（$t=1$，2，…，6）为 6 个区域不同的总氮、总磷流失系数，流失系数采用赖斯芸等（2004）测算的数值，根据各省份化肥施用强度和施用比例将中国 30 个省份分为 6 个区，分析各区域化肥施用去向，并将各区域测得的流失系数的平均值作为该区域内相应省份的流失系数。

（2）畜禽养殖业面源污染量计算公式：畜禽养殖污染排放量 = 畜禽养殖量×畜禽排泄系数×饲养周期×排泄物含污系数×流失系数。

$$Y = \sum Y_{ijt} = \sum A_{ij} \times \varphi_{ijt} \times \delta_{ijt} = \sum A_i \times \alpha_{ij} \times \beta_i \times \varphi_{ijt} \times \delta_{ijt} \qquad (4-18)$$

其中，Y 为畜禽养殖业面源污染排放量。A_i（$i=1$，2，3，4）为四种主要的畜禽养殖物种养殖量，包括牛、猪、羊、家禽；α_{ij}（$j=1$，2）为各物种每日粪、尿排泄系数；β_i 为各物种饲养周期；φ_{ijt}（$t=1$，2，3）为每单位排泄物中污染物含量，即不同畜禽物种一单位排泄物中 COD、TN、TP 含量。排泄系数、饲养周期和污染物含量系数参考《农业技术经济手册》《畜禽养殖业污染物排放标准》和国家环保总局《全国规模化畜禽养殖业污染情况调查及防治对策》。δ_{ijt} 为各畜禽物种粪尿中 COD、TN、TP 进入水体流失率，流失系数参考《全国规模化畜禽养殖业污染情况调查技术报告》。

（3）测算出 COD、TN、TP 排放量之后，根据公式计算农业面源污染等标排放量。

$$EI = \frac{E}{S} \qquad\qquad (4-19)$$

其中，EI 为农业面源污染等标排放量，E 为每类污染物的排放量，S 为对应污染物的排放标准限值，取值参考 GB3838—2002 中的Ⅲ类水质标准。

表 4-2 投入产出指标体系

投入指标	资本投入	农林牧渔业固定资产存量（亿元）
	动力投入	农林牧渔从业人员（万人）
		农业机械总动力（万千瓦）
	自然资源投入	农业用水量（亿立方米）
		农作物总播种面积（千公顷）
		农林牧渔业能源消费总量（万吨标准煤）
	其他投入	农用化肥施用量（万吨）
产出指标	期望产出	农林牧渔业总产值（亿元）
	非期望产出	农业面源污染等标排放量（亿立方米）（包括 COD、TN、TP）

（四）数据来源

本章所采用数据主要源于 2005—2016 年《中国统计年鉴》《中国能源统计年鉴》《中国环境统计年鉴》《中国环境统计年报》《中国农村统计年鉴》《中国畜牧兽医年鉴》、2005—2016 年各省份统计年鉴及《第一次全国污染源普查公报》等公报和技术报告。其中，农业面源污染排放量和农林牧渔业能源消费总量的部分数据通过清单分析法和系数法等方式计算得到。

此外，DEA 模型测算的是各个决策单元 DMU 的相对效率，测算结果与投入产出指标的量纲无关，无须提前将数据进行无量纲化处理。

第二节　农业绿色生产效率评价结果

本节采用超效率非期望产出 SBM-Undesirable 模型和 Malmquist-Luenberger 指数，分别针对农业绿色生产静态效率和动态效率进行测算，并对农业绿色生产效率的空间变化和影响因素进行综合评价。

一　农业绿色生产静态效率测算

通过超效率非期望产出 SBM-Undesirable 模型，对全国 30 个省份的农业绿色生产效率进行测算。根据模型测算结果，评价全国农业绿色生产静态效率和省际农业绿色生产静态效率，指明东部、中部和西部地区农业绿色生产静态效率差异特征，并解析农业绿色生产静态效率的影响要素。

（一）全国农业绿色生产静态效率

根据上述投入产出指标体系，利用 Maxdea 软件对 2005—2016 年 12 年的数据进行测算，分析 30 个省份的农业绿色生产效率。

　　由于 12 年的样本期间，测算数据较多，表 4-3 中仅选择了 4个年份，即 2005 年、2009 年、2012 年、2016 年的效率值进行分析。分别列示用超效率 SBM-Undesirable 模型和传统的 CCR 模型测算的生产效率值，由测算结果可以明显看出超效率 SBM-Undesirable 模型优于 CCR 模型。CCR 模型既无法考虑非期望产出的影响，同时也没有考虑投入产出的松弛性问题，又无法对 DEA 有效的决策单位进一步排序。根据表中测算结果，除了 DEA 有效的决策单元外，CCR 模型测算的效率值要普遍高于超效率 SBM-Undesirable 模型测算值，CCR 模型对效率值的度量不够准确，存在高估生产效率的情况，因此本章基于超效率 SBM-Undesirable 模型的测算结果展开分析。

表 4-3　　　　2005 年、2009 年、2012 年、2016 年各省份
农业绿色生产效率

省份	2005 年		2009 年		2012 年		2016 年	
	S-SBM-U	CCR	S-SBM-U	CCR	S-SBM-U	CCR	S-SBM-U	CCR
北京	1.1721	1.0000	1.1082	1.0000	1.1299	1.0000	1.0756	1.0000
天津	0.8196	0.9788	1.0012	1.0000	1.0057	1.0000	1.0439	1.0000
河北	0.6552	0.8033	0.6243	0.8595	0.5930	0.8323	0.6231	0.8436
山西	0.4351	0.6732	0.4123	0.6941	0.3871	0.6495	0.3631	0.5784
内蒙古	0.4170	0.6041	0.3862	0.5901	0.3917	0.6062	0.3525	0.5739
辽宁	1.0364	1.0000	1.0357	1.0000	1.0376	1.0000	0.7894	0.9891
吉林	0.6747	0.8275	1.0094	1.0000	0.6348	0.9544	0.5629	0.8905
黑龙江	0.4234	0.6726	0.3923	0.6495	0.3701	0.6473	0.3608	0.6744
上海	1.2678	1.0000	1.1481	1.0000	1.0686	1.0000	0.6182	0.8839
江苏	1.2071	1.0000	1.1347	1.0000	1.1394	1.0000	1.1044	1.0000
浙江	1.0494	0.9794	0.7445	0.9311	0.7365	0.9416	1.0229	1.0000
安徽	0.7149	0.9948	0.6616	0.9370	0.6562	0.9288	0.6428	0.9608

续表

省份	2005 年		2009 年		2012 年		2016 年	
	S-SBM-U	CCR	S-SBM-U	CCR	S-SBM-U	CCR	S-SBM-U	CCR
福建	1.3022	1.0000	1.1195	1.0000	1.1258	1.0000	1.0913	1.0000
江西	0.5666	0.7677	0.5640	0.7557	0.5993	0.9148	0.6423	0.9573
山东	1.0468	1.0000	1.0197	1.0000	1.0327	1.0000	1.0319	1.0000
河南	1.0426	1.0000	1.0302	1.0000	1.0545	1.0000	1.0497	1.0000
湖北	0.6625	0.8703	0.6350	0.8768	0.6460	0.8989	0.6865	0.9321
湖南	0.6245	0.7871	0.6116	0.8426	0.5511	0.8104	0.5378	0.7710
广东	1.0775	1.0000	1.1097	1.0000	1.0936	1.0000	1.1072	1.0000
广西	1.0106	1.0000	1.0526	1.0000	1.0550	1.0000	1.0002	1.0000
海南	1.0354	1.0000	1.2347	1.0000	1.5578	1.0000	1.6601	1.0000
重庆	1.1392	1.0000	1.1563	1.0000	1.0741	1.0000	1.0840	1.0000
四川	1.0652	1.0000	1.0376	1.0000	1.0054	1.0000	0.7351	0.9732
贵州	0.5474	0.9470	1.0109	1.0000	1.0301	1.0000	1.0259	1.0000
云南	1.1036	1.0000	1.1498	1.0000	1.1958	1.0000	1.1521	1.0000
陕西	0.5150	0.6767	0.5362	0.7333	0.5480	0.7532	0.5571	0.7249
甘肃	0.3586	0.5105	0.3690	0.5447	0.3844	0.5583	0.3932	0.5628
青海	0.4071	0.7019	0.4055	0.6350	0.4326	0.6963	0.4146	0.6366
宁夏	0.2815	0.4940	0.3063	0.4693	0.3166	0.4981	0.3394	0.5465
新疆	0.4275	0.7373	0.4249	0.7473	0.4138	0.7154	0.3779	0.6747
效率均值	0.8029	0.8675	0.8144	0.8755	0.8089	0.8802	0.7815	0.8725

在全国总体层面，全国生产效率由 2005 年的 0.8029 下降到 2016 年的 0.7815，降幅为 2.66%。全国效率水平基本保持稳定，在 0.78—0.83 波动。2005—2016 年中国农业绿色生产效率均值为 0.8029，全国总体上未达到效率有效水平，还有较大的提升空间。这与中国长期以来较为粗放的农业生产方式有关，农业发展依赖于资源的大量投入，导致生态环境问题越发突出，制约了农业绿色生

产效率的提高。

(二) 省际农业绿色生产静态效率

1. 主要年份省际差异特征分析

根据表4-3中的数据可知，2005年农业绿色生产效率高于全国平均水平0.8029的省份有15个，按效率值从大到小排序分别是福建、上海、江苏、北京、重庆、云南、广东、四川、浙江、山东、河南、辽宁、海南、广西和天津。2009年农业绿色生产效率高于全国平均水平0.8144的省份有16个，按效率值从大到小排序分别是海南、重庆、云南、上海、江苏、福建、广东、北京、广西、四川、辽宁、河南、山东、贵州、吉林和天津。2012年农业绿色生产效率高于全国平均水平0.8089的省份有15个，按效率值从大到小排序分别是海南、云南、江苏、北京、福建、广东、重庆、上海、广西、河南、辽宁、山东、贵州、天津和四川。2016年农业绿色生产效率高于全国平均水平0.7815的省份有13个，按效率值从大到小排序分别是海南、云南、广东、江苏、福建、重庆、北京、河南、天津、山东、贵州、浙江和广西。

为了直观地比较效率等级的地域分布及变化，重点分析了2005年、2009年、2012年、2016年4个年度的数据。用E代表测算出的农业绿色生产效率值，将其划分为四个等级：$E \geqslant 1$为有效决策单元，效率最高；$0.7 \leqslant E < 1$为效率较高；$0.4 \leqslant E < 0.7$为效率中等，$E < 0.4$为效率低下。

分析结果表明，2005年DEA有效的省份有14个，占46.67%；效率较高的省份有天津和安徽2个，占6.67%；效率中等的省份有

12 个，占 40%；效率低下的省份有两个，为甘肃和宁夏。2009 年 DEA 有效的省份有 16 个，占 53.33%，相比 2005 年增加了天津、吉林、贵州，剔除了浙江，其中贵州效率涨幅最大，相比 2005 年上涨 84.68%，评级由效率中等上涨为 DEA 有效；效率较高的省份仅有浙江 1 个省，占 3.33%，浙江的相对效率降低，由 2005 年的 1.0493 降为 2009 年的 0.7445，效率降幅较大；效率中等的省份有 9 个，占 30%，相比 2005 年增加了安徽，剔除了内蒙古、吉林、黑龙江、贵州；效率低下的省份有 4 个，在 2005 年基础上增加内蒙古和黑龙江。2012 年 DEA 有效的省份有 15 个，占 50%，相比 2009 年减少了吉林省；效率较高的省份仅有浙江省，占 3.33%；效率中等的省份 9 个，占 40%，相比 2009 年增加了吉林，剔除了山西；效率低下的省份有 5 个，占 16.67%，在 2009 年基础上增加了山西。2016 年 DEA 有效的省份有 13 个，占 43.33%，相比 2012 年减少了辽宁、上海和四川，增加了浙江；效率较高的省份有两个，占 6.67%，分别是辽宁和四川；效率中等的省份有 9 个，占 40%，增加了上海，剔除了新疆；效率低下的省份有 6 个，占 20%，是这四年中占比最高的一年，包括山西、内蒙古、黑龙江、甘肃、宁夏和新疆。

2. 省际差异特征分析

上文分别分析 2005 年、2009 年、2012 年和 2016 年这 4 年间的省际效率差异，进一步考察样本 12 年间省际效率差异。2005—2016 年，相对效率增长的省份有 12 个，分别是天津、江西、河南、湖北、广东、海南、贵州、云南、山西、甘肃、青海、宁夏，其中效率值增长最多的是海南省，效率值上升 0.6247，增幅比例最大的是贵州省，效率上涨 87.41%；相对效率下降的省市有 18 个，其中上海市的效率下降值和下降比例都最大，效率值下降了 0.6496，降幅 51.24%。一直处于生产有效状态（效率值≥1）的省份有 11 个，包括北京、江苏、福建、山东、河南、广东、广西、海南、重庆、四川、云南，说明这 11 个省份一直处于有效生产前沿面，生产效率优势较为明显。需要说明的是，用 DEA 方法测算的是相对效率，即使是有效的决策单元，相比其他发达国家也同样存在改进空间，一直处于效率低下状态（效率值<0.4）的省份有两个，包括甘肃和宁夏，说明这两个省份在 12 年间农业绿色生产效率一直处于较低水平，与其他地区差距明显，在农业生产方式、资源利用率、环境治理力度等方面有待进一步改善。

由图 4-1 可以看出，海南省在 12 年间农业绿色生产效率均值最高，达到 1.4567。宁夏农业绿色生产效率均值最低，只有 0.3101，约是海南效率值的 1/5，生产效率有较大的提升空间。效率值达到 1 以上，即生产有效的省份有 11 个，按效率值从大到小排列分别是海南、云南、江苏、福建、北京、重庆、广东、上海、河南、广西和山东。其中 7 个为东部地区省份，1 个为中部地区省份，3 个为西部地区省份。绿色生产效率低于全国效率均值 0.8028 的地区有 14 个，其中效率水平低下（效率值<0.4）的省份有 5 个，从小到大排序分别是宁夏、甘肃、内蒙古、黑龙江和山西，都是中西部省份。

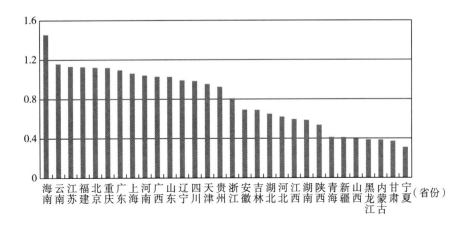

图 4-1　2005—2016 年各省份生产效率均值

（三）区域农业绿色生产静态效率差异特征

在区域层面，东中西三个区域的相对效率变化较为稳定，东部省份的平均效率为 1.0365，达到效率有效水平，明显高于其他两个区域，而中部、西部两个区域的生产效率都低于全国平均水平 0.8028，未达到生产有效状态。2005—2016 年，这三个区域农业绿色生产效率均值从大到小排序依次是：东部（1.0365）＞西部（0.6950）＞中部（0.6298）。该测算结果与一贯的认知大致相符，东部地区经济发达、水土资源丰富、技术优势明显，同时对农业污染的重视程度和防控力度也较大，所以农业绿色生产效率较高。而中西部欠发达地区，如宁夏、甘肃、内蒙古、新疆等省份的生产效率较低，一方面可能是由于这些地区经济条件较差，农业基础设施建设相对欠缺，生产技术较为落后，另一方面可能是这些地区对资源与环境的保护意识不到位，忽视了农业面源污染控制和治理，农业生产中存在较大的资源环境损耗，导致绿色生产效率较低。图 4-2 是不同区域农业绿色生产效率动态变化情况。

表 4-4　　　　　2005—2016 年各区域农业绿色生产效率值

年份	东部	中部	西部	全国
2005	1.0609	0.6430	0.6611	0.8029
2006	1.0542	0.6207	0.6831	0.8025
2007	1.0387	0.6730	0.7061	0.8192
2008	1.0199	0.6270	0.7098	0.8014
2009	1.0255	0.6645	0.7123	0.8144
2010	1.0443	0.6275	0.6797	0.7995
2011	1.0494	0.6665	0.7164	0.8252
2012	1.0473	0.6124	0.7134	0.8089
2013	1.0340	0.6046	0.7038	0.7984
2014	1.0340	0.6046	0.7038	0.7984
2015	1.0145	0.6076	0.6754	0.7816
2016	1.0153	0.6057	0.6756	0.7815
效率均值	1.0365	0.6298	0.6950	0.8028

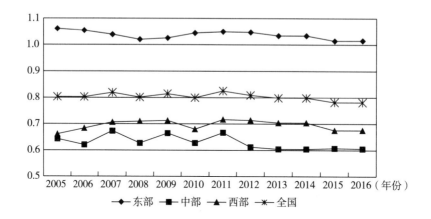

图 4-2　中国各区域农业绿色生产效率变化

（四）农业绿色生产效率的要素分析

为了进一步研究影响农业绿色生产效率的要素，将农业绿色生产效率分解为纯技术效率（PTE）和规模效率（SE）。全国生产效率均值为 0.8028，纯技术效率均值为 0.9382，规模效率均值为

0.8557，整体上纯技术效率>规模效率>生产效率，说明目前中国纯技术效率对生产效率的贡献率更高，技术效率接近有效生产水平，但规模效率仍有一定提升空间。

由图4-3可以看出，规模效率的变化趋势与生产效率大体相似，而纯技术效率的变化趋势略有不同，尤其是在2006年、2010年、2015年，虽然纯技术效率上升，但规模效率下降，导致最终生产效率仍下降。这说明要提高农业绿色生产效率，不仅要关注农业技术的发展和应用，也应该重视农业生产规模、产业结构的调整，实现适度规模经营。

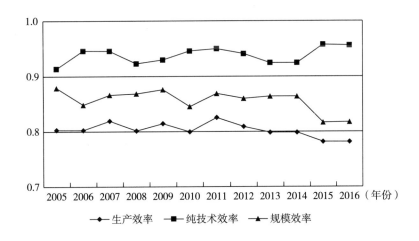

图4-3 中国农业绿色生产效率及其分解的变化

以2016年的测算结果为例进行分析，当年无效的决策单元有17个，通过分析投入产出冗余值，可以找到改善生产效率的途径。表中按生产效率值从高到低列示了17个无效决策单元的投入产出冗余率。根据表4-5中数据可以看出，生产无效的省份普遍存在投入冗余、非期望产出过多的现象，说明投入要素的利用率较低，在投入数量上这些省份还存在较大的节约空间，并且投入指标平均冗余率越低的省份，效率值越高，说明减少投入冗余量对效率改善有很大的作用。因此，提高投入要素利用效率、优化资源配置、减少非期望产出是改善农业绿色生产效率的重要途径。

表 4-5　　　　　2016 年生产无效省份投入产出冗余率

地区	农业绿色生产效率值	投入冗余率（%）							非期望产出冗余率（%）
		农林牧渔业固定资产存量	农林牧渔从业人员	农业机械总动力	农业用水量	农作物总播种面积	农林牧渔业能源消费总量	化肥施用量	农业面源污染等标排放量
辽宁	0.7894	40.7	0.00	20.5	21.98	0.00	0.00	64.2	50.28
四川	0.7351	0.00	43.45	49.25	60.20	8.45	2.18	21.93	18.58
湖北	0.6865	0.00	41.07	59.41	64.03	15.08	9.46	30.42	31.88
安徽	0.6428	0.00	45.21	76.98	68.34	32.87	0.00	26.63	30.15
江西	0.6423	30.97	31.71	50.54	64.09	53.14	4.27	15.65	13.40
河北	0.6231	51.67	19.75	64.43	39.99	0.00	31.56	56.41	60.14
上海	0.6182	25.17	9.03	23.90	49.66	58.87	70.96	29.67	44.59
吉林	0.5629	51.90	2.94	67.26	67.16	25.96	35.17	55.54	33.67
陕西	0.5571	37.98	58.94	66.33	72.75	18.65	21.53	33.86	41.73
湖南	0.5378	3.17	50.92	71.24	68.22	42.40	45.59	41.99	40.65
青海	0.4146	67.81	65.50	80.5	74.61	71.20	26.18	23.98	21.88
甘肃	0.3932	46.01	74.19	73.55	81.14	65.93	52.84	31.09	21.77
新疆	0.3779	67.88	25.44	63.88	74.96	88.93	55.91	58.47	59.82
山西	0.3631	42.19	72.05	75.81	81.93	42.12	70.74	61.01	63.9
黑龙江	0.3608	59.27	24.78	77.14	83.48	73.70	54.63	74.47	64.98
内蒙古	0.3525	65.27	34.55	73.88	82.50	59.95	65.91	71.2	63.72
宁夏	0.3394	62.74	51.90	72.77	77.27	81.37	45.35	71.03	59.91
平均值	0.5292	38.39	38.31	62.78	66.60	43.44	34.84	45.15	42.41

　　各省份的投入冗余和非期望产出冗余存在较大差异，各地区可以根据测算结果，按照本地实际情况来调整投入产出量。以效率最

高的辽宁和效率最低的宁夏为例进行详细分析，辽宁可以在维持农业产值不变的前提下，通过技术改进或结构调整，减少 40.7% 的固定资产投入、减少 20.5% 的农业机械总动力投入、减少 21.98% 的农业用水量、减少 64.2% 的化肥施用量、减少 50.28% 的农业面源污染等标排放量来提高农业绿色生产效率。宁夏可以在维持农业产值不变的前提下，通过技术改进或结构调整，减少 62.74% 的固定资产投入、减少 51.9% 的农业从业人数、减少 72.77% 的农业机械总动力投入、减少 77.27% 的农业用水量、减少 81.37% 的农作物总播种面积、减少 45.35% 的能源消耗量、减少 71.03% 的化肥施用量、减少 59.91% 的农业面源污染等标排放量来提高农业绿色生产效率。

二　农业绿色生产动态效率测算

通过 2005—2016 年各省份农业绿色生产动态效率测算，可以反映全国农业绿色全要素生产率的动态变化趋势，比较省际农业绿色生产动态效率，并分析区域农业绿色生产动态效率差异特征。

（一）农业绿色全要素生产率变化

采用加入非期望产出的 Malmquist-Luenberger 指数（ML 指数），对 2005—2016 年 30 个省份的面板数据进行测算，得到绿色全要素生产率变化 TFPCH，即 ML 指数测算值。表 4-6 列示了样本测算结果，由于测算的是绿色全要素生产率变化值，所以仅能得到 11 年的测算值。

表 4-6 各省份 Malmquist-Luenberger 指数

年份 省份	2005/ 2006	2006/ 2007	2007/ 2008	2008/ 2009	2009/ 2010	2010/ 2011	2011/ 2012	2012/ 2013	2013/ 2014	2014/ 2015	2015/ 2016
北京	1.1686	1.0264	1.0422	0.9572	1.0512	1.1374	1.1433	1.1397	0.9823	1.0069	1.0243
天津	1.1378	1.0382	1.0695	1.0397	1.2686	1.0011	1.2828	1.3276	1.1527	1.0113	1.0999
河北	1.2014	1.0984	1.1161	1.0538	1.0755	1.1131	1.0400	1.0919	1.0029	1.0948	1.1747
山西	1.0874	1.1032	1.0558	0.9999	1.0111	1.0053	1.0246	1.0170	1.0235	1.0042	1.0622
内蒙古	1.0891	1.0557	0.9862	1.0217	1.0255	1.0423	1.0394	1.0327	0.9915	1.0139	1.0319
辽宁	1.1858	1.1366	1.0965	1.1320	1.1093	1.0714	1.0701	1.1834	1.3558	0.7498	1.1680
吉林	1.0912	1.2128	1.0807	1.7092	1.0428	0.9777	1.0059	0.9912	1.0074	1.0036	1.0157
黑龙江	1.0383	1.0668	1.0550	0.9637	1.0576	0.9875	0.9776	1.0449	1.0395	1.0356	1.0249
上海	1.1845	1.0300	0.9838	0.9567	1.0327	0.9924	0.8317	0.9898	0.9833	0.6445	0.9856
江苏	1.1841	1.1273	1.0554	1.0680	1.0626	1.2008	1.0275	1.0616	1.0443	1.0198	1.0535
浙江	1.0937	1.0658	0.9990	1.0321	1.0394	1.0329	1.0107	1.0173	1.0402	1.5004	1.2786
安徽	1.1178	1.5521	0.9680	1.0119	1.0156	1.0369	1.0294	1.0258	1.0795	1.0337	1.0094
福建	1.1694	1.1194	1.0276	1.0455	1.096	1.0406	1.0534	1.0658	1.0473	1.0184	1.1007
江西	1.1397	1.0283	1.0303	1.0131	1.0449	1.0251	1.0637	1.0935	1.0255	1.0396	1.0367
山东	1.1044	1.1558	1.0675	1.0459	1.0788	1.1514	1.0814	0.9865	1.1986	1.1154	1.1431
河南	1.0093	1.2186	0.9946	1.0493	1.0016	1.1092	0.9989	1.0021	1.2688	0.9998	1.1441
湖北	1.1200	1.0622	1.0059	1.0051	1.0461	1.0426	1.0262	1.0270	1.0590	1.0686	1.1017
湖南	1.1397	1.0284	1.0191	1.0088	0.9986	1.0123	0.9891	1.0652	1.0155	1.0288	1.0309
广东	1.2018	1.0710	1.0145	1.0727	1.0313	1.0093	1.0021	1.0417	1.0370	1.0301	1.0349
广西	1.4431	1.0260	1.1814	1.0601	0.7906	1.4518	1.0132	0.8025	0.7930	1.0621	1.3753
海南	1.9348	1.3677	0.8500	1.0740	1.3030	1.3284	1.3362	1.2988	1.5646	1.1665	1.4805
重庆	1.3370	1.0991	1.0222	1.0254	1.0050	0.9836	1.0017	1.0955	1.3597	1.0146	1.0359
四川	1.1348	1.1185	1.0162	1.0082	1.0795	1.0764	0.8554	1.3425	1.3441	0.9992	1.0454
贵州	1.4739	1.7167	1.1948	1.5060	1.0123	1.6185	1.2540	1.2229	1.1568	1.1310	1.3172
云南	1.4109	1.1610	1.1355	1.0176	1.0825	1.0778	1.057	1.1133	1.0328	1.0268	1.1238
陕西	1.1257	1.0710	1.0117	1.0451	1.0516	1.0368	1.0194	1.0340	1.0580	1.0445	1.0580
甘肃	1.1195	1.0517	1.0308	1.0351	1.0382	1.0495	1.0343	1.0395	1.0435	1.0499	1.0627
青海	1.0764	1.0535	1.0358	1.0336	1.0186	1.0535	1.0635	1.0288	1.0079	1.0268	1.0107
宁夏	1.1322	1.0551	1.0297	1.0606	1.0205	1.0459	1.0359	1.0461	1.0363	1.0454	1.0652
新疆	1.1247	1.0452	1.0208	1.0161	1.0399	1.0155	0.9947	1.0013	1.0127	1.0238	1.0379

从全国总体层面分析，2005—2016 年，中国的农业绿色全要素生产率总体呈上升趋势，年均涨幅 8.46%，累计涨幅 93.08%，增幅较为明显。图 4-4 显示了中国绿色全要素生产率的变动趋势，可以看出，ML 指数经历了一个先降后升的变动趋势，2006 年是绿色全要素生产率变化的峰值，涨幅达到 19.26%，2015 年是涨幅最小的一年，仅增长 3.37%，2008—2014 年 ML 指数的波动较为平稳。

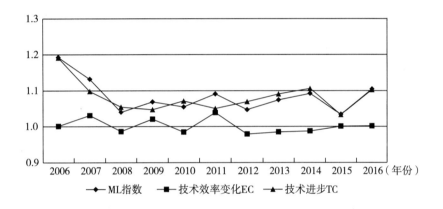

图 4-4　中国 ML 指数及其分解的变化

为了分析绿色全要素生产率的影响因素，将 ML 指数分解为技术效率变化指数 EC（Technical Efficiency Change）和技术进步率 TC（Technological Change），ML 指数＝技术效率变化指数 EC×技术进步率 TC。ML 指数表示从 t 期到 $t+1$ 期绿色全要素生产率的变化，若 ML 指数大于 1（小于 1），则意味着绿色全要素生产率提高（降低）；技术效率变化指数 EC 表示从 t 期到 $t+1$ 期相对技术效率的变化程度，又称作"追赶效应"，技术效率变化指数 EC 大于 1 表示该决策单元在 $t+1$ 期与 $t+1$ 期的前沿面的距离相对于 t 期与 t 期的前沿面的距离较近，意味着 $t+1$ 期技术利用情况良好、相对效率改善，技术效率变化指数 EC 小于 1 则说明相对效率恶化；技术进步率 TC 表示从 t 期到 $t+1$ 期的生产前沿面的变动趋势，又称为"前沿面移动效应"，技术进步率 TC 大于 1（小于 1）意味着 $t+1$ 期出现了技术进步（退步）。

将 ML 指数分解为技术效率变化指数 EC 和技术进步率 TC，分别进行分析。技术效率变化指数 EC 上下波动，变化趋势与 ML 指数的变化趋势存在较大差异，在 2005—2012 年变动幅度较大，2013—2016 年变动幅度趋于平稳，年均增长率为 0.14%，2008 年、2010 年、2012 年、2013 年和 2014 年这 5 年技术效率出现负增长，相对效率下降。技术进步率 TC 年均增长率为 8.31%，变化趋势与 ML 指数大体一致，也呈现先降后升的变化趋势，TC 始终大于 1，意味着每一年度农业生产中都出现了技术进步。由上述分析可以看出，中国农业绿色全要素生产率的提高大部分源于技术进步，此处的技术进步不仅指狭义的科学技术进步，还包括组织创新、政策激励、生态环境改善等一系列影响农业产出的要素。中国的农业生产在这些方面已经取得了一定改善，提高了农业绿色全要素生产率。

（二）省际农业绿色生产动态效率

由表 4-6 可以看出，大多数省市的绿色全要素生产率都处于持续增长状态，但省际绿色全要素生产率变化幅度存在一定差异。绿色全要素生产率在每个样本年度均处于增长状态（ML 指数均大于 1）的省份有 13 个，包括天津、河北、江苏、福建、江西、湖北、广东、贵州、云南、陕西、甘肃、青海和宁夏。

由图 4-5 可知，ML 指数均值大于 1 的省份有 29 个，其中海南

ML 指数均值最高，达到 1.3368，表明其绿色全要素生产率年均增速达到 33.68%；ML 指数均值小于 1 的省份仅有上海一个，ML 指数为 0.9650，表明其绿色全要素生产率年均降幅 3.5%。该差异主要源于各省份的经济发展水平、农业生产技术、自然资源禀赋、农业生产规模等因素，上海市出现绿色全要素生产率下降的情况，可能是由于上海市外来人口劳动力转移速度放缓、人力资本增速减慢，资源配置已达到较优状态、近几年未发生明显改善，投资率较高、投资边际报酬递减等原因。

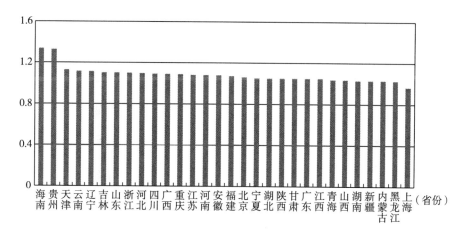

图 4-5　2005—2016 年各省份 ML 指数均值

（三）区域农业绿色生产动态效率差异特征

从区域层面分析，受区域经济发展水平、技术水平、资源禀赋、生态环境质量等因素的影响，中国绿色全要素生产率变化在区域间存在一定差异（见表 4-7）。2005—2016 年，东中西三大区域的农业绿色全要素生产率 TFP 均处于持续增长状态（ML 指数均大于 1），农业绿色生产效率得到提高，与全国总体的变化趋势一致。

表4-7 全国、各区域ML指数及其分解

地区	东部			中部			西部			全国		
年份	ML指数	技术效率变化EC	技术进步TC	ML指数	技术效率变化EC	技术进步TC	ML指数	技术效率变化EC	技术进步TC	ML指数	技术效率变化EC	技术进步TC
2006	1.2333	1.0018	1.2310	1.0929	0.9618	1.1364	1.2243	1.0285	1.1904	1.1926	1.0009	1.1914
2007	1.1124	0.9889	1.1249	1.1591	1.0790	1.0742	1.1321	1.0377	1.0910	1.1321	1.0308	1.0982
2008	1.0293	0.9893	1.0404	1.0262	0.9569	1.0724	1.0605	1.0043	1.0559	1.0399	0.9862	1.0545
2009	1.0434	1.0079	1.0352	1.0951	1.0545	1.0385	1.0754	1.0086	1.0663	1.0689	1.0206	1.0474
2010	1.1056	1.0161	1.0882	1.0398	0.9631	1.0796	1.0149	0.9687	1.0478	1.0548	0.9846	1.0714
2011	1.0981	1.0033	1.0944	1.0246	1.0533	0.9727	1.1320	1.0631	1.0648	1.0909	1.0386	1.0504
2012	1.0799	0.9943	1.0862	1.0144	0.9379	1.0816	1.0379	0.9938	1.0444	1.0471	0.9791	1.0695
2013	1.1095	0.9844	1.1271	1.0333	0.9864	1.0476	1.0690	0.9846	1.0857	1.0743	0.9850	1.0907
2014	1.1281	0.9990	1.1292	1.0648	0.9945	1.0707	1.0760	0.9707	1.1085	1.0921	0.9874	1.1060
2015	1.0325	0.9929	1.0399	1.0267	1.0068	1.0198	1.0398	1.0043	1.0353	1.0337	1.0008	1.0328
2016	1.1403	1.0041	1.1357	1.0532	0.9976	1.0558	1.1058	1.0022	1.1034	1.1044	1.0017	1.1026
均值	1.1011	0.9984	1.1029	1.0573	0.9993	1.0581	1.0880	1.0060	1.0814	1.0846	1.0014	1.0831

注：ML指数＝技术效率变化EC×技术进步TC。

东中西各区域的年均绿色全要素生产率涨幅分别为：东部（10.11%）>西部（8.80%）>中部（5.73%），东部地区的涨幅处于领先地位，东部和西部涨幅高于全国平均水平，中部涨幅低于全国平均水平。与静态生产效率的测算结算进行对比分析，可以发现，农业绿色生产效率高的地区，生产效率增长幅度也较高，而中部地区效率值较低，涨幅也处于末位，若当前趋势持续不变，则中部地区追赶东部地区的难度较大。

将 ML 指数分解为技术效率变化指数 EC 和技术进步率 TC，分别进行分析。三个区域的技术效率变化指数 EC 差异较大，西部地区年均技术效率上升，涨幅为 0.60%，而东、中部地区年均技术效率呈现下降趋势，降幅分别为 0.16%、0.07%；三个区域的技术进步率 TC 在每个年度都保持上升趋势，但变化幅度略有差异，东部年均涨幅（10.29%）>西部年均涨幅（8.14%）>中部年均涨幅（5.81%），与各地区绿色全要素生产率的涨幅相似。

东中西各区域绿色全要素生产率增长的主要驱动因素是技术进步 TC，说明各区域都出现了一定的技术进步。东部地区技术进步率涨幅最大，可能是因为东部地区经济较为发达，农业生产基础设施完善，在技术研发、人才聚集、市场环境等方面具有较大优势，促进了技术进步；西部地区技术进步率涨幅大于中部地区，可能是由于西部地区在政策制定和实施上有一定优势，政策激励促使生产前沿面移动得更快。而技术效率变化指数 EC 在某些年份是驱动因素，驱动作用较小，在某些年份反而是抑制因素，出现了相对效率下降的情况，抑制了绿色全要素生产率增长。尤其是在东部与中部地区，年均技术效率下降，说明这两个地区追赶效应较弱，扩大了与最优决策单元的距离，对现有技术的利用情况较差，在资源配置、行业结构、生产规模等方面还有较大的改善空间。分析各区域绿色全要素生产率的驱动因素和抑制因素，可以帮助各区域按当地实际情况制定针对性的改善措施。

第三节　农业绿色发展存在的主要问题

通过第二节中国农业绿色生产效率的时空变化特征及影响因素分析，反映中国农业绿色发展水平与主要发达国家相比还有一定差距，农业绿色发展存在资源环境约束、生产效率较低、生产技术落后、农产品质量监管机制不健全等主要问题。

一　农业绿色发展的资源环境约束

中国农业资源配置不尽合理，随着工业化和城镇化的快速推进，中国农业资源需求与其稀缺性之间矛盾加剧，区域用水用地结构失衡、资源利用方式粗放、污染行业向农村转移、各行业抢占农业资源等问题突出。许多地区农业资源匹配系数较低，仅仅强调资源利用，不重视养护，忽视农业资源的生态效益。农业资源管理制度不健全，资源产权主体缺位，缺乏资源节约内生动力。农业资源管理责任认定不明确，资源保护难以落到实处。农业生产过度依赖传统能源，新能源和可再生能源利用能力不足。

农业面源污染的影响因素较多，污染物具有不明确性，涉及随机变量，例如，降雨强度、空气温度等因素变化直接影响农药、化肥等农业投入品对区域土壤、水体、空气的污染程度。在通常情况下，农药和化肥施用所造成的面源污染相互交叉，也容易发生迁移转化。农业面源污染缺乏分类控制措施，农业面源污染防治标准较低，尚不能满足资源环境保护要求，缺乏以污染物削减控制为目标的质量管控标准。

二 农业绿色生产效率较低

中国农业化学投入品减量增效的推行力量薄弱，化肥和农药零增长行动主要依托农业部门通过测土配方施肥、耕地质量保护与提升、有机肥替代化肥、绿色植保防控等项目推进，缺乏社会组织、企业和农民等相关者的参与。农民对农业面源污染带来的负面影响缺乏充分认识，农业不规范的生产和经营行为得不到指导和监督，不能有效执行农业面源污染防治措施。

农资产业尚未成熟，农药减量控害及包装废弃物回收政策乏力，对绿色防控、生物防治技术和生物农药施用的补贴支持力度不够。对农用薄膜科学使用有一定的补助政策，但对废旧农用薄膜回收利用缺乏有效的奖补激励政策。农用薄膜回收加工企业因效益不显著，农用薄膜回收价格较低，导致农民自觉回收农用薄膜的积极性不高。

农业面源污染防治缺乏必要的资金保障，现有项目覆盖面受到资金总量的限制，只能在局部区域实施，规模效应有限。农药包装废弃物管理和农作物秸秆资源化利用涉及回收、储运、处置等环节，资金需求量较大，缺少必要的专项资金支持。农业生态补偿标准普遍偏低，补偿额度量化缺乏科学依据，补偿方式以行政手段为主，经济手段不够完善，缺乏针对性的政策支持和科技投入。

三　农业绿色生产技术落后

农业生产绿色转型任务繁重，引进绿色农产品生产的技术工艺将使企业生产成本明显提高，采取污染防治措施也将增加企业生产投入。农药包装废弃物回收处置难度较大，农药包装废弃物无害化处置的环保配套设施不完善，亟须专业环保设施进行处置（于法稳，2019）。农作物秸秆产业化利用程度较低，制约秸秆资源化利用。

农产品绿色供应链整合程度较低，在农产品绿色供应链中各相关主体未形成密切合作关系，各层级标准化程度较低，中间环节过多，欠缺规模化核心企业，不利于提高农产品供应链组织化程度。生产商普遍缺乏农产品深加工技术，加工专用原料供给不足，工艺与装备匹配度不高，深加工成本较高，难以提升农产品附加值。产业链条延伸不充分，各主体不重视农产品增值服务。农产品质量追溯体系不健全，绿色农产品供需信息发布不够规范，发布渠道局限，缺乏共享信息系统平台支撑。供应链上下游企业所获取的信息不对称，信息传递发生延迟和偏差，生产信息缺乏时效性，大多数生产商处在被动状态。

四 农产品质量监管机制不健全

中国农产品质量安全管理机构涉及农业、卫生、市场监管、环境等多个部门，容易造成多头管理、环节缺失的局面。农产品质量安全管理弱化，尚未形成系统性的农产品质量安全管理机制，缺乏针对性的具体控制措施。同时，农产品质量安全标准不统一，多部门制定的农产品质量安全标准缺少层级间有效对接，标准化水平较低。农产品质量分级标准目的不明确，层次不清晰，有些类别多个标准之间存在重复和交叉现象，有些类别还没有制定标准。农产品质量安全标准的实施能力较弱，多数农产品没有地方化质量安全标准，缺乏标准化示范区，标准化建设资金扶持力度不足。

农产品质量安全监管基础薄弱，部分农产品尚未纳入风险监测和监督抽查范围。农产品市场监管不严，对农产品的冷藏、冷链、分装、运输等整体流通过程监管力度不足。基层监管力量有限，缺乏明确的质量安全监督主体，一些外地农产品零售经营还未纳入常规监管。农产品质量安全监管制度不完善，难以开展农产品全过程的覆盖监管。大多数生产企业与合作社没有专业的质量监管人员，无法落实监管任务。当农产品出现质量安全事件后，难以进行信息回溯和风险排查，不能及时识别出农产品存在的质量安全隐患信息，也无法确认引发安全事件的责任主体。

第五章　种植业绿色发展的理论及实践创新

本章阐述种植业绿色发展的理论和政策，评价中国到 2020 年化肥、农药零增长行动方案，介绍 2018—2019 年实地调查的种植业绿色发展的良好实践。

第一节　理论和政策

本部分在界定种植业绿色发展内涵的基础上，阐述有机农业和生态农业的原理，以及经济学中与"替代"的相关术语；同时，分析相应的政策背景和政策内容。

一　种植业绿色发展理论

在中国生态文明建设背景下，种植业绿色发展是实现农业现代化和增加农民收入的主要途径，有利于保护生态环境、有利于提升农产品质量安全水平和增强农产品的市场竞争力。

（一）种植业绿色发展的内涵

种植业绿色发展的内涵是，具备安全性、高效性和持续性特征的种植业生产体系，它是农业绿色发展的重要组成部分，内容包括种植业绿色生产和种植业绿色食品，涉及公平性和福祉（李周等，2012）。具体地讲，依靠科技进步和物质投入等提高农产品的生产能力，确保粮食安全；通过资源的优化配置，提高植物、动物和微生物之间的能量转换效率，确保种植业生产的高效性；通过合理利用和有效保护农业资源与生态环境，以及化学品投入的有效控制，确保农业的生态安全，提高种植业生产的持续性。种植业绿色发展基础和最重要的目标是生产功能，随着社会进步和生态保护的加强，种植业生态系统服务功能以及与气候变化联系的功能得到重视。

2019 年，国家发改委、工信部等七部委联合印发《绿色产业指导目录（2019 年版）》。将绿色产业的一级分类是：节能环保产业、清洁生产产业、清洁能源产业、生态环境产业、基础设施绿色升级、绿色服务这六大类，其中，生态环境产业中的二级分类是：生态农业、生态保护、生态修复三类。这是国家政策层面给出最新绿色产业的一个界定。按照这样的产业体系，种植业绿色发展是二级分类"生态农业"的内容。

（二）有机农业

有机农业是有机农业生产体系和有机食品的统称。有机农业生产体系，是指一种在生产过程中尽量不使用化学合成的农药、化肥、生长调节剂、饲料添加剂和基因工程生物及其产物的农业。有机食品是指来自有机农业生产体系的食品，通过认证机构的认证贴上有机食品标签进入到消费环节。中国于2005年发布实施的《有机产品》国家标准（GB/T19630.1—2005）中"有机农业"的定义是，遵照特定的农业生产原则，在生产中不采用基因工程获得的生物及其产物，不使用化学合成的农药、化肥、生长调节剂、饲料添加剂等物质，遵循自然规律和生态学原理，协调种植业和养殖业的平衡，采用一系列可持续的农业技术以维持持续稳定的农业生产体系的一种农业生产方式。

中国与有机食品相关联的概念是有机农产品、绿色农产品、无公害农产品，其差异在于生产过程中使用化学品的数量，由此被认证机构贴上不同的标签。实践中，中国一般将无公害农产品（又称无公害食品）、绿色农产品（又称绿色食品）和有机农产品（又称有机食品）合称为绿色农业，绿色农业强调农业生产中投入品的减量化和产品质量的安全性。

20世纪70年代，现代农业发展中的生态环境影响开始凸显，在大幅度提高农业生产力的同时，由于过量施用化肥、农药等，带来了环境污染、农产品质量下降和农田生物多样性减少等一系列问题，探索保护环境和提高农产品质量的有机农业成为必然选择。1972年成立的国际有机农业运动联盟（IFOAM）对世界范围的有机农业发展具有旗帜性作用，20世纪70年代以来世界各国推行了有机农业和绿色农产品的实践。在吸收国际经验的基础上，2003年，中国绿色食品实践的先行者刘连馥在联合国亚太经济及社会理事会主持召开的亚太地区绿色食品与有机农业市场通道建设国际研讨会上提出了绿色农业理念，其核心是安全食品要从源头和生产抓起，探索能够促进农业生产和减少环境污染的途径（刘连馥，2008）。

（三）生态农业

生态农业是一个按照生态系统原理的农业生产模式。E. Odum 对生态系统的定义是，生态系统是生命有机体和无机体相互作用并且相互之间产生物质交换的一个自然区域，或者在一个给定区域内的所有生物个体（群落）与其生存环境之间的相互作用，并伴随能量流动而产生鲜明的能量结构和生物多样性与物质循环的一个单元（戴星翼等，2005）。从不同角度生态系统可分为自然生态系统和人工生态系统、农业生态系统和工业生态系统、农村生态系统和城市生态系统，每种生态系统占据着各自的区域，平衡整体和景观的投入和产出。

生态农业的定义是，积极采用生态环境友好方法，全面提升农业生态系统服务功能的农业可持续发展方式。2018 年 FAO 给生态农业的定义是：生态农业是一种综合方法，它将生态和社会的概念和原则同时应用于食物和农业系统的设计和管理，以优化植物、动物、人类和环境之间的相互作用，同时考虑到可持续和公平的食品体系需要解决的社会问题（骆世明，2022）。

生态农业重视从农业生产的源头入手，尽可能缓解化肥、农药和畜禽粪便等对土壤和水体的污染；它通过生态关系调整和系统结构功能整合等方面的微妙设计，利用各个组分的互利共生关系，充分发挥农田生态系统的服务功能，使农田生态系统能比常规农业耕作方式提供更多生态环境服务并减弱一些负面效应。例如，在稻—鱼共生系统中，鱼类的活动搅动了土壤，同时杂草和浮游生物的呼吸作用减弱，从而可使单位面积甲烷排放减少约 1/3；鱼类的排泄物中含有氮和磷等营养元素，它们是水稻分蘖、孕穗和防倒伏等不可缺少的肥料，从而减少了化肥的用量；对三化螟、纵卷虫、稻飞虱和稻叶蝉等害虫有较好的防治作用，同时杂草总生物量减少近 9/10，从而降低了农药的用量（李文华，2016）。

（四）经济学中与"替代"相关的几个术语

1. 经济学中的"替代"以选择和效用为基础

在解释消费行为的过程中，经济学依赖于一个基本的前提假定，即人们倾向于选择他们认为最具有价值的那些物品和服务。为了说明消费者在不同的消费可能性之间进行选择的方式，经济学家采用了"效用"这一概念。经济学中的"效用"表示满足。更准确地说，效用是指消费者如何在不同的物品和服务之间进行排序。例如，对一个种植户，如果施用化肥比施用有机肥效用更高，则这一排序就应该是该种植户偏好化肥而不偏好有机肥。经济学家用效用来解释：理性的消费者如何将其有限的资源，分配在能给他们带来最大满足的各种商品上。通常，我们可将效用理解成一个人从消费一种物品或服务中得到的主观上的享受或有用性。化肥可以替代劳动和稳定产量，一般种植户往往偏好化肥。

2. "替代效应"和"收入效应"

"替代效应"可以表述为：当某一物品的价格上升时，消费者倾向于用其他物品来替代变得较为昂贵的该物品，从而最便宜地获得满足。当某一种投入品的价格上涨时，企业会用比较便宜的投入品，去替代该种比较昂贵的投入品。经过这种替代，企业就能够用最小的总成本生产出预定的产量。

"收入效应"，即物品价格变化通过对消费者实际收入的影响，进而影响消费者对该物品的需求数量。实际收入的减少通常会导致消费的减少，即收入效应影响替代效应。为了用数字衡量收入效应，需要考察一种物品的收入弹性。这一术语表示在其他条件（价格）保持不变的情况下，需求量变动的百分比除以收入变动的百分比。

3. "替代品"与"互补品"

如果物品 A 的价格上升增加了物品 B 的需求，那么物品 A 和物品 B 就互为替代品。如果物品 A 的价格上升降低了物品 B 的需求，那么物品 A 和物品 B 就互为互补品。在化肥价格非常高的阶段，有机肥需求量大，两者为替代品。

二　种植业绿色发展的政策

本章的种植业绿色发展政策集中在化肥农药减量和有机肥替代方面，从政策背景和政策两方面梳理。"十三五"时期的 5 年间，中国化肥农药减量目标已经从 2015 年提出"零增长"到 2019 年提升为"负增长"再到 2020 年明确为"减量"，政策思路是农业面源污染已成为中国重要的环境污染源。"减量"被作为促进农村环境治理的重要内容，以技术"增效"为实现路径。

（一）政策背景

新时代中国提出化肥减量的背景是，在实现化肥有效供给和保障粮食安全的前提下，以政策驱动减量破解环境容量约束。在人多地少的资源禀赋条件下，利用高产作物品种、增加化肥农药施用量提高粮食产量，是农业现代化的重要道路选择，是技术变迁诱导出的发展（速水佑次郎等，2014）。中国生物化学技术路线的现代农业道路选择，实现了耕地面积基本稳定的条件下的粮食高产稳产，随之也带来了化肥用量长期增加对环境安全的压力。自 2015 年起，在减量政策驱动下，中国化肥用量开始下降，同期粮食产量仍保持稳中有增。

2020 年以来，在对抗突发疫情和国际政治经济格局巨变的背景下，粮食安全和重要农产品保障供应的紧迫性再次提升到一个新高度，化肥供给的及时性仍将是其减量中需要坚守的底线；在农业生产基础与战略地位凸显的同时，推进以生物投入品替代化学投入品的技术进步和实现农业绿色发展迎来重大机遇；准确把握化肥减量变化特征，对中国现代农业发展和生态文明建设具有重要意义。

第一，改革以来，在耕地面积基本稳定的条件下，通过提升化学资本品替代土地资源品，中国实现了粮食高产稳产；自 2015 年以来，在粮食总产量稳中有增的同时实现了化肥用量下降。从技术上，中国农业生产中实现了使用更好的种子品种、改善耕种技能和高标准农田建设、补贴提供更有效和便宜的动力，提升肥料供给能力和可得性而降低化肥价格，使化肥投入占总投入比重下降。随着中国经济快速增长，化肥产业实现了从供不应求到产能高、供给足、价格低的转型。

第二，中国化肥用量超过环境容量阈值，对环境质量的负面影响凸显，中国农田氮磷养分高投入量已导致严重的农业面源污染（张维理等，2020）。《第二次全国污染源普查公报》数据显示，2017 年种植业水污染排放（流失）量为：氨氮 8.30 万吨，总氮 71.95 万吨，总磷 7.62 万吨，占全国水污染物排放量的百分比分别为 8.62%、23.66%、24.16%（见表 5-1）。

表 5-1　2017 年种植业源水污染物排放量及占总排放量的百分比

单位：万吨、%

	氨氮		总氮		总磷	
	排放量	占总排放量百分比	排放量	占总排放量百分比	排放量	占总排放量百分比
合计	96.34	100	304.14	100	31.54	100
农业源	21.62	22.44	141.49	46.52	21.20	67.22
种植业源	8.30	8.62	71.95	23.66	7.62	24.16

资料来源：生态环境部办公厅 2020 年 6 月 9 日印发的《第二次全国污染源普查公报》。

（二）政策内容

1. 出台化肥农药"零增长"行动方案和考核指标

2015 年，以农业部发布《到 2020 年化肥和农药使用零增长行动方案》（以下简称《化肥方案》《农药方案》）为标志，中国首次提出到 2020 年化肥和农药零增长目标。

第一，《化肥方案》提出的总体思路是，牢固树立"增产施肥、经济施肥、环保施肥"理念，依靠科技进步，依托新型经营主体和专业化农化服务组织，集中连片整体实施，加快转变施肥方式，深入推进科学施肥，大力开展耕地质量保护与提升，增加有机肥资源利用，减少不合理化肥投入，加强宣传培训和肥料使用管理，走高产高效、优质环保、可持续发展之路，促进粮食增产、农民增收和生态环境安全。《化肥方案》提出的目标是：2015 年到 2019 年，逐步将化肥施用量年增长率控制在 1% 以内；力争到 2020 年，主要农作物化肥施用量实现零增长；重点任务是：推进测土配方施肥，推进施肥方式转变，推进新肥料新技术应用，推进有机肥资源利用。在《化肥方案》中明确了当前存在的问题，实现零增长的技术路线和重点任务。首先，当前中国化肥施用存在四个方面问题：亩均施用量偏高，施肥不均衡现象突出，有机肥资源利用率低，施肥结构不平衡。其中，与"有机肥替代化肥"相关的问题为两点：①蔬菜、果树等附加值较高的经济园艺作物过量施肥比较普遍；②目前，中国有机肥资源总养分有 7000 多万吨，实际利用不足 40%。其中，畜禽粪便养分还田率为 50% 左右。其次，提出四条技术路径：一是精，即推进精准施肥。二是调，即调整化肥施用结构。三是改，即改进施肥方式。四是替，即有机肥替代化肥。其中，"替"通过合理利用有机养分资源，用有机肥替代部分化肥，实现有机无机相结合。提升耕地基础地力，用耕地内在养分替代外来化肥养分投入。

第二，《农药方案》提出的总体思路是，坚持"预防为主、综合防治"的方针，树立"科学植保、公共植保、绿色植保"的理念，依靠科技进步，依托新型农业经营主体、病虫防治专业化服务组织，集中连片整体推进，大力推广新型农药，提升装备水平，加快转变病虫害防控方式，大力推进绿色防控、统防统治，构建资源节约型、环境友好型病虫害可持续治理技术体系，实现农药减量控害，保障农业生产安全、农产品质量安全和生态环境安全。《农药方案》提出的目标是：到 2020 年，初步建立资源节约型、环境友好型病虫害可持续治理技术体系，科学用药水平明显提升，单位防治面积农药施用量控制在近三年平均水平以下，力争实现农药施用总量零增长。重点任务是：绿色防控，统防统治，科学用药。

2015 年发布的《党政领导干部生态环境损害责任追究办法（试行）》，明确规定了地方各级党委和政府对本地区生态环境和资源保护负总责，党委和政府主要领导成员承担主要责任；2016 年，出台《生态文明建设目标评价考核办法》并制定《绿色发展指标体系》，在其中"环境质量"一级指标中设定了"单位耕地面积化肥施用量"二级指标，以 2015 年度国家统计局公布的各省份统计值为基数，施用量增加，该项为减分项；反之，施用量降低，该项为加分项。绿色发展指标体系每年评价一次，评价结果纳入五年一次的生态文明建设目标考核体系。在零增长目标、生态环境损害责任追究和具体考核指标共同驱动下，化肥减量的"政策驱动型拐点"可以预期。

2017 年，财政部、农业部联合印发《建立以绿色生态为导向的农业补贴制度改革方案》，要求推进农业供给侧结构性改革，完善农业补贴政策，到 2020 年，基本建成以绿色生态为导向、促进农业资源合理利用与生态环境保护的农业补贴政策体系和激励约束机制。方案强调，建立以绿色生态为导向的农业补贴制度要以现有补贴政策的改革完善为切入点，在确保国家粮食安全和农民收入稳定增长的前提下，突出绿色生态导向，将政策目标由数量增长为主转到数量质量效益并重上来。在保持存量补贴政策稳定性、连续性的基础上，优化支出结构，加强统筹协调，提高补贴资金使用的指向性；增量资金重点向资源节约型、环境友好型农业倾斜，促进农业结构调整，加快转变农业发展方式。

2. 确立化肥农药"减量"目标

2016 年到 2020 年连续五年的中央一号文件中均包含"零增长和减量"内容。2016 年在"加快农业环境突出问题治理"标题下表述为，加大农业面源污染防治力度，实施化肥农药零增长行动；2017 年在"推进农业清洁生产"标题下表述为，深入推进化肥农药零增长行动，开展有机肥替代化肥试点，促进农业节本增效；2018 年在"加强农村突出环境问题综合治理"标题下表述为，开展农业绿色发展行动，实现化学投入品减量化、生产清洁化、废弃物资源化、产业模式生态化；2019 年在"加强农村污染治理和生态环境保护"标题下表述为，开展农业节肥节药行动，实现化肥农药施用量负增长。2020 年在"治理农村生态环境突出问题"标题下表述为，深入开展农药化肥减量行动。显示出"十三五"时期中国化肥农药减量中的"农村环境和农业面源污染治理"政策思路（见表 5-2）。

表 5-2　2016—2021 年中央一号文件中的化肥农药减量的表述

年份	标题	表述
2016	加快农业环境突出问题治理	加大农业面源污染防治力度，实施化肥农药零增长行动
2017	推进农业清洁生产	深入推进化肥农药零增长行动，开展有机肥替代化肥试点，促进农业节本增效
2018	加强农村突出环境问题综合治理	开展农业绿色发展行动，实现投入品减量化、生产清洁化、废弃物资源化、产业模式生态化
2019	加强农村污染治理和生态环境保护	开展农业节肥节药行动，实现化肥农药施用量负增长
2020	治理农村生态环境突出问题	深入开展农药化肥减量行动
2021	推进农业绿色发展	持续推进化肥农药减量增效

资料来源：根据 2016—2021 年中央一号文件整理。

第二节　化肥农药减量评价

有关数据表明，2020 年中国水稻、玉米、小麦三大粮食作物化肥利用率为 40.2%、农药利用率为 40.6%。作为一个综合指标，化肥农药利用率的提高是实现其减量的最重要途径。

一　种植业绿色发展评价框架

种植业绿色发展评价可区分为种植业绿色生产评价和种植业绿色农产品评价。本部分重点论述种植业绿色生产评价。

（一）化肥减量评价的假设和指标

化肥减量评价的假设，一是增加化肥用量，可以提高作物产量，是资本替代资源和劳动的选择；二是减少化肥用量，有助于减少面源污染，有助于提升农产品质量；三是化肥减量的方向是，开发推广系列新型肥料，增加有机肥用量。

选择三类指标描述化肥减量特征，它们是：化肥用量总量、化肥用量强度、农业生产和与化肥用量的相关系数，目的是判断化肥用量的变化方向，判断化肥减量是否出现拐点，判断化肥用量与粮食产量是否脱钩。两点说明如下。

第一，指标中隐含的假设是，全部化肥用到了耕地上和化肥用量平均用到粮食作物、经济作物和瓜果菜种植面积上，即粮食单位播种面积化肥用量＝农作物单位播种面积化肥用量。利用耕地单位面积化肥用量（耕地化肥用量强度）和农作物单位播种面积化肥用量（播面化肥用量强度）判断化肥用量强度变化，两个指标差异主要源于农作物的复种指数和耕地的非农作物种植，例如，苗圃、花卉等。需要说明其中可能存在的偏差，一是部分化肥用到了林地、城市绿地上。二是在耕地与果茶园的关系中，北方的大部分果园在耕地中，南方存在大部分果园可能不在耕地中的情况。三是由于蔬菜水果花卉的化肥用量较高，可能存在单位粮食播种面积化肥用量高估的情况。

第二，耕地单位面积化肥用量是一个具有挑战性的指标。耕地面积是资源性指标，而化肥用量是年度生产性指标，即分母是存量数据，分子是流量数据。1980—2018 年《中国统计年鉴》中的耕地面积数据来自全国农业普查和全国两次土地详查，耕地面积可以分为4 个阶段：1980—1995 年为 15 亿亩左右，1996—2006 年为 19.5 亿亩左右，2007—2012 年为 18 亿亩左右，2013 年以来为 20 亿亩左右。为了与化肥用量数据的流量属性相对应，本研究中耕地面积采用三阶段数据（1980—1995 年、1996—2012 年、2013—2018 年）。

（二）农药投入减量评价的假设和指标

农药减量评价的假设，一是增加农药用量（包括增加打药次数、施用不同品种和施用高毒农药），可以预防病害和控制虫害，即增加农药用量可以稳定产量（尽管病害、虫害受气候影响）。二是增加农药用量（包括施用除草剂）可以替代劳动，施用生长剂可以促进作物生长。三是农药减量的方向是研发低毒、高效的农药，培训指导农药施用方法减少打药次数，采用统防统治，加强病虫害监测预警提升打药的及时性。

指标数据：①农药施用数量，农药打药次数，施用农药的类型（包括生物农药）。②绿色防控应用面积，物理方法，统防统治。③数据来源为历年《中国农村统计年鉴》，村庄调查，二手文件资料。

二 全国化肥减量特征评价

利用宏观数据和总量、强度与相关系数指标，描述化肥减量变化特征，分析化肥用量与作物种植面积和粮食产量的相关性。

（一）化肥用量总量的变化特征

1980—2020 年全国化肥用量呈现长期增加后转为减少的变化特征，年度变动率呈现为波动下降。化肥总用量从 1980 年的 1269.6 万吨持续增加到 2015 年的 6022.6 万吨，最高值出现在 2015 年的 6022.6 万吨；1980 年到 2015 年的化肥用量年度变动率持续为正值，2015 年较 1980 年化肥用量增加了 374.6%；2016 年起化肥用量持续用量回落，2020 年化肥用量为 5250.7 万吨，较 2015 年下降

12.82%，按化肥重量衡量已经回落到与 2009 年相近的水平。需要指出，化肥用量构成的变化使按重量做比较会导致偏差，需要分析化肥用量构成。

1980—2020 年，中国化肥用量中的氮肥、磷肥、钾肥和复合肥的用量，1980 年分别为 934.2 万吨、273.3 万吨、34.6 万吨和27.2 万吨，2020 年分别为 1833.9 万吨、653.7 万吨、541.9 万吨和 2221 万吨。氮肥用量最高值出现在 2012 年为 2399.9 万吨、2020 年回落到与 2006 年相近的水平，磷肥用量最高值出现在 2014年为 845.3 万吨、2020 年回落到与 2000 年相近的水平，钾肥用量最大值出现在 2015 年为 642.3 万吨、2020 年回落到与 2008 年相近的水平。需要注意到，复合肥用量是逐年增加的，最高值是 2018年的 2269 万吨，但 2016—2020 年每年均稳定在 2220 万吨以上的水平，复合肥用量 2020 年较 2015 年增加 2.07%。施用高效复合肥是氮肥和磷肥下降的最重要原因。

由此，施用以氮肥用量和复合肥用量构成的全氮肥用量（全氮肥用量＝氮肥＋复合肥×50%）衡量氮肥用量更贴近现实情况（侯彦林等，2008）。中国全氮肥用量逐年上升，1980 年为 129.6 万吨，2015 年达到 4537.3 万吨，呈现逐年上升特征；全氮肥用量占化肥总用量呈现逐年上升到基本稳定的特征，1980 年占 9.13%，2007年达到峰值占 59.7%，2015 年为 57.27%，2016—2020 年稳定在56%—57%。全氮肥构成中复合肥的比重逐年增加，1980 年氮肥和复合肥用量分别为 102.3 万吨和 27.2 万吨，复合肥与氮肥之比为26.7%；2017 年氮肥和复合肥用量分别为 2221.8 万吨和 2220 万吨，复合肥与氮肥之比为 99.9%，2018—2020 年复合肥用量超过氮肥用量（见表 5-3）。

表 5-3　　　　　　　　2014—2020 年化肥用量和同比增减

单位：万吨、吨、%

	化肥用量	同比增减	氮肥用量	同比增减	磷肥用量	同比增减	钾肥用量	同比增减	复合肥用量	同比增减	全氮肥计算	同比增减
2014	5995.9		2392.9		845.3		641.9		2116		3450.9	
2015	6022.6	0.45	2361.6	-1.31	843.1	-0.26	642.3	0.06	2176	2.83	3449.6	-0.04
2016	5984.1	-0.64	2310.5	-2.16	830	-1.55	636.9	-0.84	2207	1.44	3414	-1.03
2017	5859.4	-2.08	2221.8	-3.84	797.6	-3.90	619.7	-2.70	2220	0.60	3331.8	-2.41
2018	5653.4	-3.52	2065.4	-7.04	728.9	-8.61	590.3	-4.74	2269	2.18	3199.9	-3.96
2019	5403.6	-4.42	1930.2	-6.55	681.6	-6.49	561.1	-4.95	2231	-1.67	3045.7	-4.82
2020	5250.7	-2.83	1833.9	-4.99	653.7	-4.09	541.9	-3.42	2221	-0.45	2944.4	-3.33

（二）化肥用量强度的变化特征

利用耕地单位面积化肥用量（以下简称耕地化肥强度）和农作物单位播种面积化肥用量（以下简称播面化肥强度）判断化肥用量强度变化，两个指标差异主要源于农作物的复种指数和耕地的非农作物种植，如苗圃、花卉等。

全国化肥用量强度变化的特征是，由长期增加转变为近期的下降。第一，耕地单位面积化肥用量，从 1980 年的 128 公斤/公顷持续增加到 2015 年的最大值 446 公斤/公顷，2016—2018 年分别为 443 公斤/公顷、434 公斤/公顷和 418 公斤/公顷；耕地化肥强度的年度变动率，1980—2015 年除 2012 年为负值外、其余年度均为正值，2016—2018 年均为负值，2018 年大约回落到 2009 年的水平。第二，播面化肥强度从 1980 年的 87 公斤/公顷持续增加到 2014 年的最高值的 363 公斤/公顷，2015—2018 年分别为 361 公斤/公顷、358 公斤/公顷、352 公斤/公顷和 341 公斤/公顷；播面化肥强度的年度变动率，1980—2014 年均为正值，2015—2018 年均为负值，2018 年回落到 2008 年的水平。

（三）粮食产量与化肥用量的相关性

1. 粮食总产量和化肥用量的相关性

全国粮食产量由 1980 年的 32055.5 万吨增加到 2018 年的 65789.2 万吨，2018 年较 1980 年增长 105.2%，期间最高值为 2017 年的 66160.7 万吨。粮食总产量与化肥用量的相关系数的计算结果是，利用 1980—2018 年全国时间序列数据，相关系数为 0.9156；利用 2001—2018 年分省份面板数据，相关系数为 0.8666；利用 2001—2018 年各省份时间序列数据，各年度相关系数最大值为 0.8870、最小值为 0.8464，最大值与最小值变动率为 4.57%。显示出两个变量相关性强和变动率小的特征，含义是粮食稳产高产需要稳定化肥用量，换句话说，化肥减量目标应以稳定粮食产量为前提，即粮食安全底线原则。

2. 粮食总产量变动率与化肥用量变动率的相关性

粮食总产量变动率与化肥用量变动率相关性的计算结果是，利用 1980—2018 年全国时间序列数据，相关系数为 0.4022；利用 2001—2018 年分面板数据，相关系数为 0.0160；利用 2001—2018 年各省份时间序列数据，相关系数的最大值为 0.4373、最小值为 -0.5988。显示出两个变量相关程度低且变化大，含义是化肥用量的增加不直接贡献于粮食总产量的增加。

3. 粮食单产与化肥用量强度的相关性

1980—2018 年，中国单位播种面积粮食产量由 1980 年的 182 公斤/亩增加到 375 公斤/亩，粮食单产与播面化肥强度的相关性呈现三点特征。第一，粮食单产与播面化肥强度相关性的计算结果是，利用 1980—2018 年全国时间序列数据，相关系数为 0.9630，变动率的相关系数为 0.4828，不同时段的相关系数呈现下降趋势且由正向关系转为负向关系，2011—2018 年以来的 4 个时段相关系数为负值（见表 5-4）。第二，利用 2001—2018 年分省份面板数据得到的相关系数是 0.4022，变动率的相关系数为 0.1372。第三，利用 2001—2018 年分省份时间序列数据计算结果是，粮食单产与播面化肥用量强度的相关系数呈现出下降的趋势，最高值和最低值分别为 0.5774 和 0.1890；粮食单产增量与化肥用量强度增量的相关系数是 0.1372；最大值和最小值分别为 0.4373 和 -0.4628，两个变量相关程度低且变化大。含义是，粮食单产与播种化肥用量强度相关性高，但对粮食单产增加的贡献逐步下降，2013 年以来粮食增产的主要贡献已不再是来自化肥用量的增加，而是来自化肥用量的稳定，或者说粮食单产增加与播面化肥用量强度提高出现脱钩。

表 5-4　不同时段粮食单产与播面化肥强度和变动率的相关系数

不同时段		粮食单产与播面化肥强度	粮食单产变动率与播面化肥强度变动率
1980—2018 年		0.9630	0.4828
其中	1980—1989 年	0.8466	0.6595
	1980—1999 年	0.9679	0.5738
	1980—2009 年	0.9712	0.5579
	1980—2018 年	0.9604	0.4828
	2011—2018 年	-0.4204	0.5298

不同时段		粮食单产与播面化肥强度	粮食单产变动率与播面化肥强度变动率
其中	2012—2018 年	−0.7011	0.4754
	2013—2018 年	−0.7975	0.1793
	2014—2018 年	−0.8121	0.9956

（四）农作物种植面积与化肥用量的相关性

1. 粮食和果菜茶种植面积变化

农作物播种面积从 1980 年的 146380 千公顷增加到 2018 年的 165902 千公顷，增长 13.34%。一是粮食播种面积分别为 117234 千公顷和 117038 千公顷，几乎没有变化，粮食作物播种面积的最高值是 2016 年的 119230 千公顷，2017—2018 年有所下降；粮食作物中，稻谷和小麦播种面积 1980 年分别为 33878 千公顷和 28844 千公顷，2018 年分别为 30189 千公顷和 24266 千公顷，分别下降 10.89% 和 15.87%；玉米播种面积从 1980 年的 20087 千公顷大幅度上升到 2018 年的 42130 千公顷，增长 109.74%，最高值是 2015 年的 44968 千公顷。二是果菜茶种植面积从 1980 年的 5987 公顷增加到 2018 年的 35300 公顷，增加 29313 千公顷，增长 489.61%。农作物种植面积变化的特点是，粮食播种面积基本稳定、玉米和果菜茶种植面积明显增长，玉米播种面积和果菜茶种植面积增加幅度大大高于农作物播种面积的增加（见表 5-5）。

2. 玉米和果菜茶种植面积与化肥总用量相关性

1980—2018 年的全国时间序列数据计算得到，化肥用量与农作物播种面积的相关系数为 0.8843，化肥用量与粮食作物、稻谷、小

表 5-5   1980—2018 年中国农作物播种面积的变化

单位：千公顷、%

			1980 年	2018 年	（2018—1980）/1980 年	最大值		与化肥用量相关系数
						年份	数值	
农作物播种面积			146380	165902	13.34			0.8843
其中	粮食作物		117234	117038	-0.17	2016	119230	0.0351
	其中	稻谷	33878	30189	-10.89			-0.6872
		小麦	28844	24266	-15.87			-0.7525
		玉米	20087	42130	109.74	2015	44968	0.8913
	果菜茶		5987	35300	489.61			0.9622

资料来源：《中国统计年鉴（1986）》《中国统计年鉴（2013）》《中国统计年鉴（2019）》。

麦、玉米播种面积和果菜茶种植面积的简单相关系数分别为
0.0351、-0.6872、-0.7525、0.8913 和 0.9622，即玉米播种面积
和果菜茶种植面积与化肥用量相关性强。含义是，农作物种植面积
与化肥用量直接关联，化肥减量应与作物种植面积相匹配，粮食作
物按年度播种面积核定化肥用量，严格限定果菜茶作物化肥用量强
度和总量，实现化肥减量目标。

三 农药用量与减量评价

农药是种植业生产中抵抗作物病害和虫害的武器，农药施用是
与当年的病害和虫害的发生情况相关联。本部分重点分析全国农药
施用总量变化、2018 年中国作物中病虫害发生情况、一个村庄的农
户施用农药调查，目的是理解农药施用和减量的机理和为提炼评价
指标奠定基础。

（一）全国农药用量变化

全国农药用量及变化特征是，1990 年为 73.3 万吨，2019 年为 139.17 万吨，其中，2012—2014 年分别为 180.61 万吨、180.71 万吨和 180.33 万吨，达到高峰值水平，2014 年和 2019 年较 1990 年分别增长 146.02%和 89.86%，2015 年以来按照中国农药减量目标的要求，农药用量呈现下降趋势（见图 5-1）。

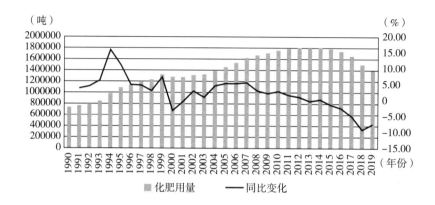

图 5-1　1990—2019 年中国农药用量与年度同比变化

（二）农作病虫害发生程度影响农药减量

农药是种植业生产中抵抗作物病害和虫害的武器，在目前技术水平下农药是"从病虫害口中夺食"实现增产最有效的措施，可为国家挽回粮食损失、可为农民挽回经济损失。农作物病虫害的发生程度决定着每年农药用量的多少，导致农作物病虫害发生频率和程度的最重要相关因素是：气候变化与天气条件，耕作制度与种植结构。截至 2018 年年底，中国农业生产已连续多年"风调雨顺"，没有发生病害草鼠害的突发性、爆发性事件。但 2019 年中国出现草地贪夜蛾重大病虫害事件，2020 年世界上一些地区爆发的蝗虫事件，病虫害防治对中国粮食高产稳产的重大意义凸显。

据全国农业技术推广服务中心统计和测算，2018 年中国主要农作物重大病虫害总体为中等发生，发生面积 40556.92 万公顷次，防治面积 50349.03 万公顷次，较 2017 年分别减少了 7.36% 和 6.78%。其中，水稻、小麦、玉米、柑橘病虫害防治面积均下降，只有苹果是 2018 年病虫害防治面积增加的作物（见表 5-6）。2018 年中国病虫害造成的损失和防治挽回的损失是，粮食实际损失 8891.08 万吨，挽回损失 1659.08 万吨；果树实际损失 1789.06 万吨，挽回损失 324.55 万吨；蔬菜实际损失 4682.19 万吨，挽回损失 836.01 万吨（束放等，2019）。

表 5-6　2018 年中国主要农作物重大病虫害发生面积和防治面积

单位：万公顷、次、%

总体情况		发生面积	较 2017 年增减	防治面积	较 2017 年增减
		40556.92	-7.36	50349.03	-6.78
其中，作物病虫害	水稻	7214.37	-11.23	11459.53	-10.59
	小麦	5278.76	-9.99	7533.47	-9.66
	玉米	5882.73	-11.08	5750.75	-5.59
	苹果	758.45	-3.24	1215.24	12.92
	柑橘	1157.59	-3.89	1704.45	-0.8
其中，灾害	农田草害	9106.36	-3.95	10127.61	-4.52
	农田鼠害	2713.33	-53.33	1753.33	—

资料来源：束放等（2019）。

（三）一个村庄农户农药施用调查及评价启示

1. 调查村庄的简要描述

调查时间是 2017 年 12 月，调查地点是山东省昌乐县孟村，调查对象是全村所有农户，调查主题是农药施用情况。全村共 132

户，完成有效问卷调查104户。28户未调查的原因是：常年不住村内（打工、照顾孙辈、改嫁）、不从事农业生产、调查期间外出、拒访。

（1）孟村农户农业生产特征：①以农业生产为主要收入来源，全村农户农业收入占家庭总收入的比重平均为64.53%。②农户耕地规模小，户均经营耕地6.06亩。③农户精耕细作，耕地净收入的分布是：42.31%的农户小于1万元，25%的农户在1万—3万元，19.23%的农户在3万—5万元，13.46%的农户在5万元以上。在劳动密集型和技术密集型种植作物生产过程中，对农药依赖度非常强。由此，将其界定为孟村农户具有现代小农生产经营特征。

（2）孟村种植作物结构：种植粮食作物为小麦97户（只有1户流转土地为种植大户、96户均为自家承包地小规模种植）、玉米76户；种植的经济作物主要为大姜和西红柿57户（均为自家承包地种植），其中46户种植大姜、29户种植西红柿；另外，有少量其他经济作物种植（花生、陆地草莓等）。

2. 施用农药情况

（1）小麦和玉米的农药施用次数少且与天气有关。天气是当年是否出现病虫害和其严重程度的重要影响因素。例如，小麦种植农户观察作物生长情况和天气变化，如果天气情况良好只用药1次甚至不用药，如果天气条件不利则会用药1—2次。因为本村农户小麦种植面积小、不是主要经济来源，农户对小麦的产量不敏感。

（2）大姜和西红柿农药施用次数多且与同一地块连续种植年限有关，即与土壤质量有关。大姜和西红柿施用农药的最直接的影响是连续种植年限，连年种植导致土壤中虫害发生。小农户土地面积有限、大姜和西红柿的收入相对稳定且为家庭最重要的收入来源，小农户不能倒茬种植或者隔年种植，只有增加施药次数、更换农药品种。孟村第一批种植大姜的农户在同一地块连续种植时间已达15年。调查中一位种植大姜8年的农民表述到：用氯虫苯甲酰胺治理大姜上的病害，用了8年都很好用，今年有了抗性不管用了，只能加大剂量和更换其他品种的农药；另外一位第一年（2017年）种植大姜农户的施用农药次数远远低于种姜农户的平均值，表述是：由于连年种植大姜，耕地土壤中有害真菌、细菌、线虫和病毒等留存于土壤中，在条件适宜时其大量繁殖并从根部或茎部感染引发病害，例如，大姜的姜瘟疫、斑点病、炭疽病，西红柿的青枯病、枯萎病、根线虫病等，成为农户遇到的棘手的病虫害，增加施药次数和更换农药种类仍不足以应对。

调查问卷显示：①46户种植大姜农户平均施药次数为20次，最多有一户施药次数为55次，其分布是：10次以内的农户占17.40%，11—20次的农户占41.30%，21次及以上的农户占41.30%。②29户种植西红柿农户平均施药次数为18次，最多一户施药50次，其分布是：10次以内农户占27.59%，11—18次的农户占31.03%，18次及以上的农户占41.38%（王娜娜等，2019）。

西红柿种植的用药量大。西红柿的黄花曲叶病毒（TY病毒病）可导致大棚西红柿减产或绝收。由于发病不规律、没有专门的农药，小农户为了防止西红柿病害，在主要生长季节基本是每周都用药防病。该病毒与大棚种植年限和土壤基质有关，因为新种植大棚西红柿的村庄不出现该病害。

3. 启示

来自村庄调研启示：①区分粮食作物与蔬果作物的农药施药情况，简单地施用农药重量不能成为判断农药减量的指标，粮食作物与蔬果作物施用农药数量差异巨大、种类不同。②粮食作物病虫害的影响因素是天气，大姜和西红柿等蔬果病虫害的影响因素是土壤，其施用农药种类多和次数多以应对来自土壤中的病虫害，即农药成为对抗土壤的武器。③种植者增加施用农药的动机有两点：一是增加农药用量预防病害和控制虫害以稳定产量，包括增加打药次数、施用不同品种和施用高毒农药。二是增加农药用量以替代劳动和促进生长，包括施用除草剂和植物生长剂。

进一步的思考是需要应对农药供给的挑战，一是农药产品供给中，需要加快研发和生产出国产品牌的高效低毒农药产品和有效的生物农药产品，研发和生产出满足小宗经济作物病虫害防治的农药产品，研发降低除草剂药害的产品，应对无药可用的植物疫情。提高农药产业的现代化步伐。二是农药销售流通体系中，经营门店布局不够完善，需要淘汰小农药经营点、减少流通的中间环节，完善农药登记许可制度，加强农药市场监管。

第三节　2018年有机肥替代化肥调查报告

本节分析有机肥替代化肥内涵、各地化肥减量与有机肥增量的做法、果菜茶有机肥替代化肥项目的案例以及存在的问题与未来方向。

一 有机肥替代化肥政策和技术

有机肥替代化肥的内涵由有机肥的概念和有机肥替代化肥的政策背景与技术体系构成。在中国现实应用中，有机肥是一个笼统的概念，包括传统农家肥、畜禽有机肥、商品有机肥、生物肥等。

（一）政策背景

有机肥替代化肥成为绿色农业生产的重要政策内容和实现多重政策目标的手段。主要政策有：化肥减量与有机肥增量的政策，畜禽养殖废弃物资源化利用与有机肥增量政策。

1. 开展果菜茶有机肥替代化肥行动方案

2017 年年初，《农业部关于印发开展果菜茶有机肥替代化肥行动方案的通知》（农发〔2017〕2 号），同年 6 月，农业部印发了《关于做好 2017 年果菜茶有机肥替代化肥试点工作的通知》，明确了选择试点的原则、数量和补贴标准，示范县的目标任务和重点要求。

第一，试点县市的选择原则。选择果菜茶种植优势突出、有机肥资源有保障、有机肥施用技术模式成熟、产业发展有一定基础、地方有积极性的县（市、区）开展有机肥替代化肥试点。提出在全国选择 100 个县，每个县补贴 1000 万元。

第二，示范县的目标任务。2017 年，核心产区和知名品牌生产基地的化肥用量较上年减少 15% 以上，辐射带动全县化肥施用量实现零增长；有机肥用量提高 20% 以上，全县畜禽粪污综合利用率提高 5 个百分点以上；产品要 100%符合食品安全国家标准或农产品质量安全行业标准；土壤有机质含量平均提高 5%以上，酸化、盐渍化等问题得到初步改善。

第三，示范县的重点要求。一是大力推广化肥减量增效、有机肥替代化肥等绿色高产高效技术，集中连片、整体实施。二是大力发展种养循环农业，推动畜禽粪污、沼渣沼液、农作物秸秆等废弃物肥料化利用。三是着力打造一批绿色产品基地、特色产品基地、知名品牌基地。四是结合耕地质量保护与提升行动，开展土壤改良、地力培肥和综合治理。

2. 2018 年的有机肥替代化肥的政策

2018 年，《农业农村部种植业管理司关于做好 2018 年果菜茶有机肥替代化肥试点工作的通知》（农农（耕肥）〔2018〕27 号），对 2018 年耕地质量提升和果菜茶有机肥替代化肥的项目安排作出了部署。各省区政府和农业部门据此出台了地方政策和工作安排。2018 年 4 月，农业农村部和财政部发布的《2018 年财政重点强农惠农政策》①中，与化肥减量和有机肥直接关联的政策有三点。第一，耕地保护与质量提升。选择重点县分区域、分作物组装推广一批耕地质量建设和化肥减量增效技术模式，依托新型农业经营主体开展土壤培肥改良和科学施肥服务。第二，东北黑土地保护利用。在辽宁、吉林、黑龙江和内蒙古继续推进黑土地保护利用，扩大实施范围，新增一批重点县开展黑土地保护整建制推进试点，开展控

---

① 资料来源：农业农村部网站，2018 年 5 月 15 日。

制黑土流失、增加土壤有机质含量、保水保肥、黑土养育等技术措施和工程措施。第三，果菜茶有机肥替代化肥行动。选择 150 个果菜茶种植优势突出、有机肥资源有保障、有机肥施用技术模式成熟、产业发展有一定基础、地方有积极性的重点县开展有机肥替代化肥行动，以新型农业经营主体为承担主体，探索一批"果沼畜""菜沼畜""茶沼畜"等生产运营模式，推进资源循环利用。

3. 畜禽养殖废弃物资源化利用与有机肥增量政策

2016 年 12 月中央财经领导小组第十四次会议指出，加快推进畜禽养殖废弃物处理和资源化，力争在"十三五"时期，基本解决大规模畜禽养殖场粪污处理和资源化问题，提出了畜禽养殖废弃物的肥料化利用方向。

2017 年 6 月国务院办公厅发布《关于加快推进畜禽养殖废弃物资源化利用的意见》（国办发〔2017〕48 号），提出了总体要求以及需要建立健全的畜禽养殖废弃物资源化利用制度和保障措施。2018 年 5 月农业农村部、生态环境部联合印发《畜禽养殖废弃物资源化利用工作考核办法（试行）》，全面启动畜禽粪污资源化利用绩效考核工作。由此，畜禽养殖废弃物资源化成为中国生态文明建设的重要内容，肥料化利用成为重要手段，国家财政资金支持力度加大。在《2018 年财政重点强农惠农政策》中，与畜禽废弃物资源化利用和有机肥相关的政策是：畜禽粪污资源化处理。继续选择部分生猪、奶牛、肉牛养殖重点县开展畜禽粪污资源化利用整县治理，支持有条件的地区开展整市、整省推进治理。按照政府支持、企业主体、市场化运作的方针，以就地就近用于农村能源和农用有机肥为主要利用方式，改造完善粪污收集、处理、利用等整套粪污处理设施，使规模养殖场全部实现粪污处理和资源化利用，努力形成农牧结合种养循环发展的产业格局。

（二）有机肥替代化肥的技术体系

2018 年，农业农村部种植业管理司等发布的《2018 年果菜茶有机肥替代化肥技术指导意见》，对中国目前重要的果菜茶分品种给出了有机肥替代化肥技术指导，具体品种包括：苹果、柑橘、设施番茄、设施黄瓜、设施辣椒、设施草莓、名优绿茶茶园、大宗绿茶、黑茶、乌龙茶园以及红茶茶园。以苹果为例，可以看到有不同的有机肥替代化肥的模式。

这个技术体系显示出：有机肥已经是现代肥料体系的一个组成部分，包括：农家肥、生物肥、饼肥、微肥、沼液肥以及多类型的商品有机肥和配方肥等。从技术的角度，有机肥的施用减少了一部分化肥用量，但不是不施用化肥，即有机肥替代化肥的内涵是"用有机肥取代一部分化肥"，更科学地施肥实现农产品的高品质和合理的产量。这样的内涵，按照经济学的概念，有机肥与化肥呈现相互补充的关系。从可持续发展的角度，是通过科学施肥，使土壤具有可持续的生产能力，保证农产品的质量和农民的收入。

二　政府做法

在 2018—2019 年的实地调研中发现，黑龙江省海伦市、山东省莱阳市和郓城县、四川省西充县的地方政府在推行种植业绿色发展的做法，有一定的探索性和引领性。

（一）科学施肥、减少化肥用量：黑龙江海伦市数据

黑龙江海伦市农业局支持的科学施肥示范农田的化肥用量可以下降10%。海伦市地处中国松嫩平原寒地黑土"核心区"，全境面积4667平方公里，耕地面积465万亩，人均耕地5.5亩，远高于全国平均水平。年有效积温2300℃—2500℃，无霜期120天左右，年降雨量500—600毫米。常住人口85万人，其中农村人口60万人。

2013—2019年，海伦市的减肥技术主要是水肥一体化和测土配方施肥。第一，水肥一体化面积约5000亩，为在"向秋青椒种植合作社"实施的示范。海伦市水热条件非常适合粮食作物种植，为不需要灌溉的雨养农业，大田粮食种植不需要水肥一体化设施。水肥一体化技术应用在当地的蔬菜种植中，目前仍处于示范阶段。第二，测土配方施肥情况是，政府工作报告中提及在实施项目的5年中服务约900万亩次，开展科学施肥技术的推广，分期、分层精准施肥。在具体实施过程中，主要是改变玉米种植方式，由65公分小垄变为110公分大垄；采取测土配方施肥，底肥减量10%—15%；实施行间追肥，减量5%—15%，实现不减产；实施水稻机插侧深施肥，施肥减量10%；大面积推广大豆根瘤菌拌种，减少10%—30%氮肥施用量。通过减肥技术的示范推广，2018年平均亩施用化肥28公斤（商品量），较2017年化肥亩均用量32公斤，亩减4公斤。

2018年减肥估算：大豆施用配方肥、接种根瘤菌、增施有机肥等技术按每亩减少4公斤化肥计算，全市减少化肥用量0.8万吨；玉米施用配方肥、增施有机肥和改进施肥方法、合理时期施肥等技

术按每亩减少 6 公斤化肥计算，减少化肥用量 0.85 万吨；水稻施用配方肥、增施有机肥、侧深施肥等技术按每亩减少 5 公斤化肥计算，全市通过减肥技术推广，比农户常规施肥减少化肥用量4100 吨。

在调研中发现"减肥"技术示范推广的两个困境。第一，普通种粮户积极性不高或者说尚未参与进来。原因是，一是普通农民种地的终极目标是增产增收，他们更加注重当年收益，所以"三减"这项工作与农民利益脱节。二是机械设备不配套。侧深施肥机械不配套，很难在水田作业，无法大面积推广，亟待改造更新。三是海伦市社会化服务体系尚未真正建立，无法全方位地为全市农业"三减"提供强有力的技术支撑和服务保障。第二，规模经营户中示范推广的困境。玉米、大豆等主栽作物效益低，以租赁为主的规模经营陷入困境，导致农业"三减"在扩大推广规模方面困难重重。

（二）生态循环农业：山东莱阳的创建工程

近年来，山东省莱阳市以发展绿色农业为引领，坚持"绿水青山就是金山银山"的发展理念，大力推进水肥一体化示范基地和生态循环农业示范基地建设。其中的行动包括：大力推广水肥一体化、化肥减量增效的项目。加快推进农业资源循环利用，着力解决养殖场粪便污染问题，促进种养结合、农牧循环的生态农业发展模式，进一步提升生态农业与农村新能源发展水平。2017 年，莱阳市推广水肥一体化示范面积 2.6 万亩和化肥减量增效示范面积 1000亩。同时，莱阳市已建成 1000 立方大型沼气工程 6 处，每处年平均产沼气 36.5 万方，沼液肥 17000 吨，沼渣肥 1000 吨，推动了种养结合能源循环利用，提高了生态农业发展水平。

农法自然（烟台）农业科技有限公司建设了 2300 亩"畜—沼—果"元真梨标准化示范基地，示范区内采用鼠茅草抑制杂草技术、太阳能杀虫灯技术、微生物有机肥控制果品成熟技术等，实现全程清洁无害化、资源循环化生产；姜疃镇濯村生态循环农业示范基地建设 1500 亩灌溉滴水设施和喷药地下管道设施，所有设施都能达到机械化、智能化等现代化农业技术水平；沐浴店镇朝日绿源农业园采用"牛""粪""田"的模式推动基地生态循环农业的发展，通过有机肥替代化肥，进行土壤土质的改良，把保护和改善环境作为基地生产的重中之重。

（三）政府补贴推进建设有机肥厂：山东郓城的做法

2016—2018 年，山东郓城县成为国家的畜禽养殖废弃物资源化整村推进畜牧县和果菜茶有机肥替代化肥畜牧县，由畜牧局实施。其中，有机肥替代化肥补贴共 3000 万元资金，实施的项目如下：①有机肥厂的建设补贴。共建 5 个有机肥厂，每个厂补贴 100 万元。到 2018 年已经建成 2 个有机肥厂，生产能力共 1 万吨。②有机肥的施用者补贴。有机肥按 680 元价格采购（秸秆+畜禽粪便肥料），农户承担 280 元/吨，政府补贴 400 元/吨。全县耕地 160 万亩，其中，大田占 130 万亩（小麦产量每亩 1200 斤、玉米产量每亩 1400 斤）；蔬菜 30 万亩，果树 4 万亩。规模化经营土地占 10%（全县 50 亩以上土地经营共 10 万亩），90% 为小农户。③沼气发电点建设补贴。2017 年开始的一个项目，建设 4 个沼气发电点，每个点覆盖 4—5 个乡镇，可覆盖到全部养殖集中的乡镇，共补贴 1200 万元，由江西科盛集团运营（民营企业）。④规模养殖场升级改造（三级沉淀），共补贴 199 个养殖场，每个场 6 万—10 万元，2018 年 4 月底完成。调研中发现的突出问题是政策目标的冲突：2018 年郓城关闭144 家养殖场，基本农田与养殖用地矛盾突出。

（四）政府主导的做法：四川西充柑橘有机肥替代化肥项目

1. 加强组织保障

县上成立柑橘有机肥替代化肥实施领导小组，由县长任组长，分管农业副书记、副县长任副组长，相关单位为成员；县农牧业局成立实施技术指导小组，项目乡镇、实施主体密切配合，明确责任，强化措施，确保实效。

2. 落实项目区域

项目落实在龙滩河流域柑橘集中连片发展区，共 9 个乡镇 20 个村实施。其中核心示范片 1.47 万亩。

3. 遴选实施主体

县农牧业局公告，采取自愿申报，以竞争性谈判方式，专家评审确定西充县常林乡活佛山种养殖专合社、西充县源凤太保农民种植专合社等 23 家新型经营主体、企业为试点工作承担主体。同时，县农牧业局同承担主体签订协议，明确责任义务，做到"主体、作物、面积、目标、责任"五落实，并进行公示，接受社会监督。

4. 确定实施方式

针对不同的建设内容，采用邀约合作、购买社会服务、以奖代补三种实施方式。①邀约合作：田间肥效试验、柑橘专用肥配方研究、施肥技术集成与示范、品牌创建、标准化生产方案制订、耕地质量监测采用产学研形式的邀约合作。②以奖代补：种植绿肥、商品有机肥采购、储粪设施建设、水肥一体化管网、施肥机械等采用以奖代补形式。③购买社会服务：沼肥运输施用、堆肥积造施用、示范效果评估采用政府购买社会服务的方式。

5. 推行四种技术模式

为保障有机肥替代化肥行动的顺利实施，在项目区推行"有机肥+配方肥""有机肥+水肥一体化""自然生草+绿肥""有机肥+机械深施"相结合的技术模式。具体表现为：①"有机肥+配方肥"模式。通过测土配方等开展橘园专用配方肥、有机肥研发，扩大专业商品有机肥生产规模，引导和鼓励远离规模化养殖场或不适宜施肥机械操作的橘园施用。每亩有机肥用量不低于300公斤，逐步降低化肥用量比例，培肥地力，项目区增施有机肥7756亩，由西充县源凤太保农民种植专合社等19个实施主体实施。②"有机肥+水肥一体化"模式。在水源条件较好区域，优先进行水肥一体化设施建设，采用喷滴灌方式，科学、合理、准确地施用速效水溶肥和沼肥。项目区增施沼肥5000亩，扩大有机肥资源利用量，由西充县源和子垭农民种植专合社等13个实施主体实施。③"自然生草+绿肥"模式。在柑橘行间套种三叶草、扁夹三粒豆等一年生或多年生绿肥。培肥地力，同时有效抑制杂草生长。项目区增种绿肥5400亩，由西充县源凤石桥农民种植专合社等16个实施主体实施。④"有机肥+机械深施"模式。鼓励实施主体购买果园旋耕除草施肥一体机，提高有机肥施用和机械化水平，降低劳动成本，提高有机肥肥料利用率。项目区增施堆肥3150亩，由西充县源和石门农民种植专合社等 10 个实施主体深施。

三 微观主体的良好实践

在调研中发现，以农业企业和家庭农场为代表的微观市场主体，在种植业绿色发展中的良好实践，具有更加重视成本核算和更具可持续性的特征。

（一）大型养殖场的有机肥生产成本内部化

大型养殖场，以消减废弃物为目标，将固态废物生产商品有机肥，可以实现废弃物处理和资源化利用成本的内部化。规模化、专业化使大型企业具有竞争力。

福建省星源农牧科技股份有限公司，是福建省养殖业的龙头企业，得到政府政策激励，在海伦县建立规模化养猪场，存栏母猪 1 万头，4 个育肥分场，年出栏生猪 24 万头。养猪场废弃物处理和资源化利用的投资全部由养殖企业承担。地方政府协助流转土地，为此，政府给养猪场划拨土地 300 亩，同时帮助流转耕种土地。

从大型养殖场的资源化利用分析，最重要的制约因素是配套的耕种土地。在不同的气候条件下，需要的耕地面积不同，对存栏 2 万头生猪育肥场需要配套的最少耕地，在福建是 2000 亩，在黑龙江海伦是 1 万亩。只要有配套的农业用地，大型养殖业废弃物处理与资源化利用的成本可以内部化。有机肥产量 4 万吨，需要 1 万亩土地。有机肥成本是每吨 230 元，销售半径 400 公里，每年有机肥的净利润是 1000 万元。在海伦，产生的沼气由自己企业使用，不并网发电。当地冬季气温低，一年中只有 5—10 月能够产生沼气。

猪舍温度常年 23°C，大量用电。

（二）家庭生态农场的可持续经营

2019 年调研的一个家庭农场微观主体，采用稻鸭生态农业模式，在地方政府的补贴支持下实现可持续生产经营。

1. 经营模式

微观经营主体是家庭农场，合计 1000 亩稻田，2011 年成为省级粮食功能区，具有 600 亩的种植规模。土地全部为转入，目前租期 20 年（2009—2028 年）；父子两人经营，父亲曾经是小队长，儿子曾经外出打工 8 年，做机械维修工作；2002 年回家经营农场，目前能自己操作农业机械。农场有 4 名常年雇工，均为本村村民，已经在这块土地耕种十年以上，每年 10 个月劳作，工作按日计算。女工日工资 85—90 元，男工日工资 130—140 元。

经营主体名称：浙江德清星晴家庭农场有限责任公司，同时与若干名称相挂钩，包括德清县先锋农机专业合作社、德清县新安镇鑫禾粮油专业合作社：孟家漾大米（产品名称）、德清新安镇下舍村粮食生产功能区。

2. 种植模式

2017 年开始引入稻鸭共生模式，稻田养鸭 100 亩，900 亩农田到 2019 年又转为一般农田，一年两季。

（1）一般农田。一年两季。水稻+小麦、水稻+油菜。秸秆全部还田，采用深耕方式，每轮要翻耕 4—5 次、深耕 30 厘米以上。可节肥 20%，不影响地力。水稻每亩平均产量 550—600 公斤，2017 年最高产量达到每亩 934 公斤，为全市种粮能手第一名、得到 5 万元奖金；小麦每亩产量 250—300 公斤。

（2）稻鸭共生模式，稻田养鸭 100 亩，每亩 15 只鸭子。政府补贴将 100 亩稻鸭共生田建起了围栏（与草场围栏相同），100 亩耕地内部互联互通，与外部道路和农田隔离，以防止外部的影响和鸭子跑出稻田。稻鸭共生的稻田每年种植一季，不再需要施肥，因为 15 只鸭子的粪足以支撑稻子用肥；两年后，地力已经很肥，到 2019 年（第三年）开始担心过肥了，考虑轮种轮养方式；因为在 2017 年和 2018 年两年的种植中没有发生过病虫害，也就没有施用过农药（随时观察作物生长情况，没有出现疫情的征兆，所以就没有施药）。较一般种植的田块，稻鸭共生的稻田虫子少很多（一般农田每季作物需要打药一次，小麦是由于天气原因防霉病、水稻防虫害）。稻鸭共生的田块中，小工在田里去杂稻（各种野稻）、杂草，以保证水稻品种纯度，大米的口感。

稻鸭共育技术（田间标识牌）：每亩稻田养鸭 10—20 只可有效控制杂草，减少肥药施用，节省人工，增加稻米品质。

3. 收益和政府补贴

第一，产品是鸭稻米、鸭子、鸭蛋。①2018 年销售大米 10 万斤，价格 3—9 元不等。按每斤 5 元计，大米销售额 50 万元。②鸭子每只 100 元，按每亩 12 只计算，销售 1200 只，销售额 12 万元。鸭子的成本是，在种植水稻的 6 个月中鸭子可以吃虫子、稻田不用拔草，每只养殖成本低于 100 元；在非水稻的种植季节则需要喂小麦（或饲料），第 7 个月成本达到 100 元，从第 8 个月开始养殖成本高于 100 元。③农场计算的稻鸭模式的每亩效益是：

稻田节本 400 元，稻米增值 1300 元、鸭子 600 元，共计增收每亩
2300 元。

第二，政府补贴包括肥料补贴、围栏补贴、土地租金补贴，粮
食功能区补贴。①有机缓释肥，合计约 12600 元。具体：每年 6
吨，每吨 2100 元，农业局每年提供。②围栏补贴，政府投入 10 万
元。将 100 亩稻鸭共生田建起了围栏，与草场围栏相同。③粮食功
能区 600 亩，合计 207000 元。具体农场承担每亩租金 570 斤干谷
子，农业局为农户提供每亩地租差价补贴每亩 345 元。计算方法：
每户每亩得到 1200 元租金（当地租金市场价格），2018 年当地谷
子协议价每斤 1.5 元，由此，1200−570×1.5＝345 元。④粮食功能
区补贴，合计 120000 元。省级功能区每亩 100 元，市级功能区每
亩 100 元。另外，稻鸭共生模式的 100 亩已经认证为有机水稻，认
证费用由政府承担。

四 进一步的思考

通过调研对有机肥替代化肥提出三个需要进一步研究的问题：
一是政策目标的多重性。增加有机肥用量的政策目标包括：耕地质
量提升，果菜茶产品的质量提升，实现畜禽养殖废弃物资源化利用
的途径。由此，如何实现多重政策目标的协调和多部门合作？是需
要深入分析的问题，试图在下一步研究中回答。二是有机肥补贴的
效率与公平。自 2017 年以来，有机肥成为实现绿色农业生产政策
目标的重要工具之一，相应的政府直接补贴力量加大，各地补贴的
做法各不相同，谁拿到了补贴？补贴的效率和效果如何？三是商品

有机肥推广中的政府作用和市场作用。

家庭生态农场案例的两点启示：一是生态农业是实现种植业绿色发展的重要方式；二是经济发达地区的地方政府为生态农业的发展提供了肥料、土地租金、生态农业设施的补贴。

第六章 畜牧业绿色发展的
理论及实践创新

本章重点阐述畜牧业绿色发展的相关概念及政策和行动，分析畜牧业绿色发展的实践，并提出相应的政策建议。

第一节 畜牧业绿色发展相关概念和内涵

绿色发展是以满足生态环境容量和资源承载力的要求为基础，以清洁能源为动力，以资产绿化为保障，以兼顾人类福祉与生态福祉为目标的发展模式。畜牧业是农业中的重要组成部分。绿色发展强调生态环境是经济发展的内在要素，追求经济活动过程和结果的"绿色化"和"生态化"（李周，2018）。

一 基本概念

随着农业绿色发展理念的深入贯彻落实，促进畜牧业绿色发展、实现绿色转型发展已经从潮流、趋势变为现实。畜牧业绿色发展中有两个相关概念，分别是畜牧业可持续和畜牧业绿色发展，畜牧业绿色发展是畜牧业可持续发展的升级版。

（一）畜牧业可持续发展

可持续发展概念自提出以来一直在演变。根据《我们共同的未来》的经典定义，可持续发展是"既满足当代人的需求，又不对后代人满足其需求的能力构成威胁的发展"（世界环境与发展委员会，1997）。可持续发展作为一种战略框架，逐渐被全球各国及重要的部门和领域普遍接受，并给出不同解释。

实现可持续发展是中国畜牧业发展的重要目标，是针对中国畜牧业资源短缺、发展方式落后、质量水平低、疫病威胁严重和环境影响严重等突出问题提出的。根据中国工程院重大咨询项目成果，符合中国国情的畜牧业可持续发展是要按照高产、优质、高效、生态、安全的要求，实现中国畜禽养殖业总量平衡、结构优化、效益稳定、质量安全、资源节约和生态良好。

（二）畜牧业绿色发展

绿色发展与可持续发展在总体理念上是一脉相承的。随着环境问题的不断变化以及人们对环境问题认识的不断深化，绿色发展也被赋予不同的内涵。但无论如何表达，狭义上基本趋于一致，都是相对于传统的、以牺牲资源环境为代价的发展模式而言的，强调经济发展与保护环境统一协调，即在追求经济增长的同时，不仅不增加其对环境的影响，更要将其环境影响消减至一定的限度内或者实现经济增长与资源消耗和污染物排放的脱钩，从而达到环境与发展的协调和双赢（中国科学院可持续发展研究组，2012）。

农业农村部正在推进的畜牧业绿色发展行动计划中，将畜牧业绿色发展的内涵表达为以"保供给、保安全、保生态"作为目标，重点聚焦畜禽粪污资源化利用，推动畜牧业高质量发展，着力构建种养结合、农牧循环的可持续发展新格局，助推实施乡村振兴战略。

2020 年《国务院办公厅关于促进畜牧业高质量发展的意见》（国办发〔2020〕31 号）中表述，推动畜牧业绿色循环发展，基本原则是统筹资源环境承载能力、畜禽产品供给保障能力和养殖废弃物资源化利用能力，协同推进畜禽养殖和环境保护，促进可持续发展。

二　关键要素

畜牧业绿色发展的关键要素，一是畜牧业经济增长与二氧化碳排放和环境退化开始"脱钩"；二是绿色投入品、绿色技术、绿色投资增加；三是绿色与经济增长形成相互强化的良性循环，绿色和发展形成良性互动、实现高质量发展（金书秦，2020）；四是建立和完善有利于绿色发展的体制机制。

三　畜牧业绿色发展的含义

农业绿色发展包括四个部分内容，即资源利用节约高效、产地环境清洁、生态系统稳定、绿色供给能力提升。2019 年《国家质量兴农战略规划（2018—2022 年）》和 2020 年《国务院办公厅关于促进畜牧业高质量发展的意见》（国办发〔2020〕31号）出台后，官方对畜牧业绿色发展内容的阐释更加全面和明确。

（一）推进畜禽养殖废弃物资源化利用

支持符合条件的县（市、区、旗）整县推进畜禽粪污资源化利用，鼓励液体粪肥机械化施用。对畜禽粪污全部还田利用的养殖场（户）实行登记管理，不需申领排污许可证。完善畜禽粪污肥料化利用标准，支持农民合作社、家庭农场等在种植业生产中施用粪肥。统筹推进病死猪牛羊禽等无害化处理，完善市场化运作模式，合理制定补助标准，完善保险联动机制。

（二）促进农牧循环发展

加强农牧统筹，将畜牧业作为农业结构调整的重点。农区要推进种养结合，鼓励在规模种植基地周边建设农牧循环型畜禽养殖场（户），促进粪肥还田，加强农副产品饲料化利用。农牧交错带要综合利用饲草、秸秆等资源发展草食畜牧业，加强退化草原生态修复，恢复提升草原生产能力。草原牧区要坚持以草定畜，科学合理利用草原，鼓励发展家庭生态牧场和生态牧业合作社。南方草山草坡地区要加强草地改良和人工草地建植，因地制宜发展牛羊养殖。

（三）全面提升绿色养殖水平

科学布局畜禽养殖，促进养殖规模与资源环境相匹配。缺水地区要发展羊、禽、兔等低耗水畜种养殖，土地资源紧缺地区要采取综合措施提高养殖业土地利用率。严格执行饲料添加剂安全使用规范，依法加强饲料中超剂量使用铜、锌等问题监管。加强兽用抗菌药综合治理，实施动物源细菌耐药性监测、药物饲料添加剂退出和兽用抗菌药使用减量化行动。建立畜牧业绿色发展评价体系，推广绿色发展配套技术。

（四）提高畜产品质量

通过开展畜禽养殖标准化示范创建，推动畜禽养殖标准化、现代化；积极支持畜牧业品牌创建工作，培育出一批大而优的全国知名品牌和小而精的地方特色品牌，推动畜牧业绿色高效发展迈出新步伐。

第二节　畜牧业绿色发展的政策和行动

近年来，中央对农业绿色发展的关注度提升，政府突破了过去主要强调技术或微观层面种养模式重要性，将绿色发展从理念植入到具体行动，做出了一系列制度安排，推动具有中国特色的畜牧业绿色发展的实践进展。这些政策和行动包括强化对畜牧业粪污的环境管理、提高粪污资源化利用水平、推动种养结合和草牧结合、完善草原利用保护机制和促进畜牧业生产方式转变等。

一　强化对畜牧业环保治理

强化畜禽养殖业的环保治理是从 2014 年国务院颁布的《畜禽规模养殖污染防治条例》（以下简称《条例》）开始，之后每年都出台与畜禽养殖环保相关的政策，部分内容见表 6-1。《条例》是第一部由国务院制定实施的农业农村环境保护行政法规，要求畜牧业发展规划和项目布局要统筹考虑环境承载能力和养殖污染的防治要求；明确了禁养区划分标准、适用对象（畜禽养殖场、养殖小区）、激励和处罚办法。

表 6-1　　2014 年以来国家有关机构关于生猪养殖的环保政策

发布年份	文件名称	主要内容
2014	《畜禽规模养殖污染防治条例》	规划和项目布局要统筹考虑环境承载能力和养殖污染的防治要求；加强环保设施建设、推进种养结合、提高废弃物利用率，提高畜禽养殖业可持续发展能力
2015	《中华人民共和国环境保护法》	建设项目中的防治污染设施，应当与主体工程同时设计、同时施工、同时投产使用
2015	《水污染防治行动计划》	规定了禁养区内养殖场关闭或搬迁的时间表，规模化畜禽养殖场（小区）要配套建设粪污贮存、处理、利用设施，散养密集区实行畜禽粪污分户收集、集中处理利用设施
2015	《关于促进南方水网地区生猪养殖布局调整优化的指导意见》	生猪养殖规划要以资源禀赋和环境承载力为基础，划定适宜养殖区域和禁养区，改进生猪养殖和粪便处理工艺，促进粪便综合利用
2016	《全国生猪发展规划》（2016—2020 年）	将北京、天津、上海等大城市和江苏、浙江、福建、安徽、江西、湖北、湖南、广东等南方水网地区划定为生猪约束发展区
2016	《畜禽养殖禁养区划定技术指南》	做好禁养区内确需关闭或搬迁的已有养殖场的关闭或搬迁工作
2016	《"十三五"生态环境保护规划》	2017 年年底前，各地区依法关闭或搬迁禁养区内的畜禽养殖场（小区）和养殖专业户
2017	《关于加快推荐畜禽养殖废弃物资源化利用的意见》	到 2020 年，建立科学规范、权责清晰、约束有力的畜禽养殖废弃物资源化利用制度
2018	《关于做好畜禽规模养殖项目环境影响评价管理工作的通知》	加强畜禽养殖粪污资源化利用过程中的污染控制，推进粪污资源的良性利用，应对无法资源化利用的粪污采取治理措施确保达标排放
2019	《关于进一步规范畜禽养殖禁养区划定和管理，促进生猪生产发展的通知》	为减少随意扩大禁养区范围问题，重申禁养区划定依据。对禁养区内关停需搬迁的规模化养殖场户，优先支持异地重建，对符合环保要求的畜禽养殖建设项目，加快环评审批

2015 年国务院颁布的《水污染防治行动计划》中明确规定了划

为禁养区内养殖场（小区和专业户）关闭或搬迁的时间表，并要求规模化畜禽养殖场（小区）要配套建设粪污贮存、处理、利用设施，散养密集区实行畜禽粪污分户收集、集中处理利用设施。同年，国务院在《关于促进南方水网地区生猪养殖布局调整优化的指导意见》中，要求这些区域的生猪养殖规划要以资源禀赋和环境承载力为基础，划定适宜养殖区域和禁养区，改进生猪养殖和粪便处理工艺，促进粪便综合利用。

2016 年 4 月，《全国生猪生产发展规划（2016—2020）》将全国生猪养殖划分为四类区域。2016 年 5 月《畜禽养殖禁养区划定技术指南》中明确规定禁养区划分依据；2016 年 11 月《"十三五"生态环境保护规划》再次重申 2017 年年底依法关闭或搬迁禁养区内的畜禽养殖场（小区）和养殖专业户。

2016 年发布的《土壤污染防治行动计划》中，严格规范兽药、饲料添加剂的生产和使用，促进源头减量，加强畜禽粪便综合利用，鼓励支持畜禽粪便处理利用设施建设。

2016 年 12 月《"十三五"生态环境保护规划》，要求 2017 年年底前，各地区依法关闭或搬迁禁养区内的畜禽养殖场（小区）和养殖专业户。制定了到 2020 年，生态环境质量总体改善，地级及以上城市空气质量优良天数比率超过 80% 的约束性指标。

根据《中华人民共和国环境保护税法实施条例》，2018 年 1 月 1 日开始正式征收环保税，养殖业的环保税仅针对养殖存栏规模大于 50 头牛、500 头猪、5000 羽鸡鸭等畜禽养殖场征收。

在环保压力下，政府通过一系列环保政策，倒逼行业产能升级。

政府对养殖业的环保管制归纳为以下几点：一是禁：通过划定禁养区、限养区等清退环保不达标的企业；二是限：对南方一些水网密集、养殖量比较大的地区，承载力不够的地方禁限养；三是转：把养殖向环保承载力容量较大的地区转移；四是治：治理畜禽粪便、治理环境污染；五是奖：遵循规模越大补贴越多的原则。

二　促进末端利用，提高粪污资源化利用水平

为了全面推进畜禽粪污资源化利用，国务院办公厅印发《关于加快推进畜禽养殖废弃物资源化利用的意见》，国家发改委和农业农村部也出台了相关行动方案。

（一）促进末端利用

在肥料化利用方面，2017年农业部选择了100个果菜茶重点县（市、区）开展有机肥替代化肥示范行动。在能源化利用方面，支持建设规模化生物燃气、大型沼气工程500多个。

（二）畜牧大县整县推进畜禽粪污资源化

国家发改委和农业部出台了《全国畜禽粪污资源化利用整县推进项目工作方案（2018—2020）》中，提出重点支持畜牧大县整县推进畜禽粪污资源化利用基础设施建设，明确提出了实现畜禽粪污资源化利用率的定量标准，并且将其作为政府的约束性指标；选择586个畜牧大县作为重点，首批支持100余个大县整县推进粪污资源化利用，到2020年完成200个以上整县推进任务，项目县畜禽粪污综合利用率达到90%以上，规模养殖场粪污处理设施装备配套率达到100%。

2017 年，农业部在全国筛选了 51 个畜牧大县安排中央财政资金支持开展畜禽粪污资源化利用工作。2018 年中央财政继续通过以奖代补方式予以支持，并继续组织实施畜禽粪污资源化利用项目，再支持 200 个左右的畜牧大县开展治理。启动京津冀、长三角区域整省推进，在山东、河南、湖南、四川等部分畜牧大省开展整市推进，允许大县因地制宜调整项目资金使用方向和补助方式，推动解决好中小养殖场粪污处理难题。

经过上述这些努力，畜牧业规模粪污资源化利用工作已取得积极成效，2019 年，规模养殖场粪污处理设施装备配套率达到 93%，大型规模养殖场达到 96%；畜禽粪污综合利用率达到 75%，提前一年实现规划目标；养殖污染物排放量降低，第二次全国污染源普查结果显示，畜禽养殖化学需氧量、总氮、总磷等污染物排放量分别比 2007 年降低 21%、42% 和 25%。①

三　通过"粮改饲"和草牧业促进发展实现种养结合

2015 年中央一号文件提出"加快发展草牧业，支持青贮玉米和苜蓿等饲草料种植，开展粮改饲和种养结合模式试点，促进粮食、经济作物、饲草料三元种植结构协调发展"。当年农业部会同财政部开始在部分省区实施粮改饲工作。2015 年项目覆盖 10 省区 30 个县，共完成 286 万亩。2016 年项目范围扩大到 17 个省区 121 个县，

---

① 农业农村部发展规划司：《农业现代化辉煌五年系列宣传之三：生猪产业加快转型升级》，2021 年 5 月 11 日，http：//www.jhs.moa.gov.cn/ghgl/202105/t20210511_6367525.htm。

粮改饲面积达到 678 万亩。2017 年项目在 17 个省区的 431 个县开展，面积扩大到 1000 万亩以上。

农业农村部印发的《2020 年畜牧兽医工作要点》中指出，要继续推进种养结构调整，以北方农牧交错带为重点，继续实施粮改饲，大力发展全株青贮玉米、苜蓿、燕麦草等优质饲草生产，力争年完成 1500 万亩以上。

政府在推行粮改饲战略中，传递出了明确的政策信号，一是通过"粮改饲"项目，推进种植业与养殖业的结合，将草牧业的发展区域，从牧区和半农半牧区延伸到农耕区。二是增加优质牧草供给，支撑国内草食畜牧业转型升级，保障畜产品质量安全，减少奶业中"三聚氰胺"类似的事件发生。三是推动生态治理向商品化生产转变。

粮改饲战略实施取得的成效应该是综合的。随着行业内对牧草的重要性认识不断深入和环保压力的加大，种养结合、农牧循环正在成为畜牧业发展的新趋势。

四 实施草原生态奖补，利于草原恢复，促进畜牧业转型

从 2011 年起，国家在西部 8 个主要草原牧区省区和新疆生产建设兵团，全面建立草原生态保护补助奖励机制。2012 年又将政策实施范围扩大到黑龙江等 5 个非主要牧区省的 36 个牧区半牧区县，覆盖了全国 268 个牧区半牧区县。2016 年又启动实施了新一轮草原生态补奖政策，支持在全国草原牧区和半农半牧区实施禁牧面积 12.06 亿亩，草畜平衡面积 26.05 亿亩。

　　草原生态保护补助奖励机制是迄今为止政府实施的最大规模的草原生态补偿政策，是通过禁牧和草畜平衡等具体政策措施有效引导牧户减畜行为，牧区畜牧业养殖方式逐步由放牧向舍饲转变，畜禽周转明显加快，规模化水平明显提高；部分地区开始探索农牧区联合的扩繁、育肥模式，减轻了草场的载畜压力。2011 年以来，全国草原综合植被覆盖度逐年有所提高，见图 6-1；重点草原区和全国 268 个牧区半牧区旗县的超载率均呈现下降的趋势，见图 6-2 和图 6-3。

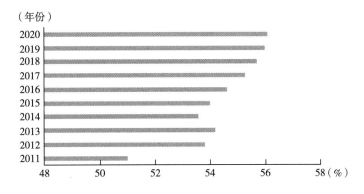

图 6-1　中国草原综合植被覆盖度

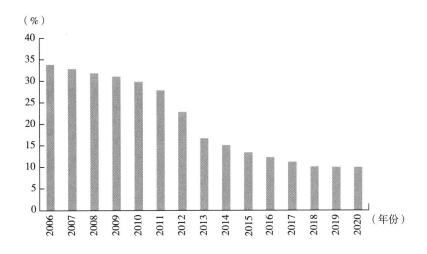

图 6-2　全国重点草原超载率变化

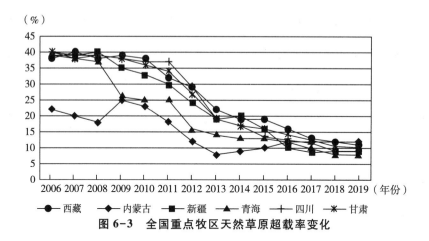

图 6-3 全国重点牧区天然草原超载率变化

资料来源：历年全国草原监测报告，农业部。

草原生态奖补机制实施过程中，政府不断优化草原补奖政策，各地相应地制定了综合性工作方案和重点工作，进一步提升政策效能，推动建立草原生态保护建设的长效机制，形成一种创新的绿色发展制度。

五 畜牧养殖过程投入品减量化

党的十八大以来，中央加强了食品安全管理，修订了畜牧业行业标准和兽药残留等限量标准，基本实现有法可依。

兽用抗菌药的减量化行动是实现确保畜产品质量安全的重点工作。抗生素在促使各国畜牧业从传统饲养方式向工厂化养殖模式的转型过程中发挥过重要影响，并且在维持工厂化养殖模式的持续运转中仍具有举足轻重的作用，中国也不例外。目前中国是全球抗生素抗菌药生产以及使用最多的国家，其中大量使用在养殖环节，而且滥用抗生素的问题普遍存在，对人民健康安全，以及公共安全和生态安全造成严重负面影响。2018 年 5 月，农业农村部决定开展兽用抗菌药使用减量化行动，同时制订了《兽用抗菌药使用减量化行动试点工作方案（2018—2021 年）》，承诺力争通过 3 年时间，实施养殖环节兽用抗菌药使用减量化行动试点工作，推广兽用抗菌药使用减量化模式，减少使用抗菌药类药物饲料添加剂，兽用抗菌药使用量实现"零增长"，兽药残留和动物细菌耐药问题得到有效控制。

2018—2021 年开展兽药抗菌药减量化工作。2018 年在全国选取 100 家大中型养殖企业作为首批示范场，2019—2020 年，计划选取中小型的养殖企业作为试点示范，力求用三年时间，探寻出兽用抗菌药使用的最佳模式进行推广。主要做到如下几点：规范合理使用兽用抗菌药，严格执行处方药的制度；审慎科学地使用抗菌药；逐步减少促生长类的兽用抗菌药的使用；建立兽用抗菌药应用的可追溯制度。

第三节　畜牧业绿色发展的实践

过去几年中，中国畜牧业绿色发展已经逐步从理念到实践。国内很多地区在推动畜牧业绿色转型发展中，因地制宜开展相关项目和试点工作，取得了初步成效。

一　肉羊产业绿色化发展——内蒙古巴彦淖尔市的实践

目前巴彦淖尔市已经形成全国地级市中"饲养规模最大、唯一常年育肥出栏、四季均衡上市"绿色肉羊产业基地,辐射范围广、带动农牧户多、产业化水平最高的畜牧产业。巴彦淖尔市围绕肉羊养殖和屠宰,逐步延伸到前端的饲草料生产、后端拓展到市场和粪污资源化利用,形成完整循环产业链,实现了农牧业增效、农牧民增收、产业链增值的目标,对促进畜牧业绿色转型发挥重要作用。

(一)主要工作

巴彦淖尔市政府把肉羊产业确定为全市畜牧业支柱产业;坚持规划引导、政策扶持、设施配套与完善,逐步建立覆盖肉羊全产业链的绿色发展模式。

一是扩大肉羊饲养规模,实现常年均衡出栏。全市26.5万农牧户中养羊户达到24万户。2019年牧业年度,全市肉羊饲养量达到2189万只,羊肉总产量19.6万吨;全市年出栏500只以上的肉羊规模养殖场3843个,肉羊规模化养殖比重达到70%以上。

二是注重肉羊品种选育。以"巴美肉羊"地方品种为基础开展品种选育和杂交改良,增加母畜存栏量,提高肉羊出栏率,提高生产效率。

三是确保肉羊生产的饲草料生产和供给。当地肉羊饲料以天然牧草、耕地内牧草、青储饲料为主,为提高肉羊产业化水平,开始加快饲料工业发展,逐步建立起安全优质高效的饲料生产体系。

四是政府加强行业治理,倒逼屠宰企业改善加工条件和技术水平,满足提供优质畜产品的市场需求。政府在所有屠宰加工企业都派驻检疫员,部分重点屠宰加工厂全部建立可视监管平台,确保屠宰加工过程生态化。

五是拓宽销售渠道和领域。在原有的直销门店和"互联网+"直销网店基础上，利用互联网技术，将销售延伸到电商、深加工、餐饮等渠道，扩大市场份额。其中巴美、金草原等肉羊产品，被授权使用"天赋河套"品牌的羊肉产品后，在市场赢得广大消费者的认可。

六是技术支撑和保障体系不断强化。农牧业技术部门加大肉羊生产技术的知识普及力度，并采用典型示范引领；完善配套设施，提高效益；形成了从生产、饲喂、用药、加工、销售、运输等各环节质量安全监管体系。

（二）具体做法

巴彦淖尔市在推进肉羊产业绿色发展进程中，促进各方创新模式，进行利益协调，发挥综合效益。

一是采用种养结合、农牧循环的方式，实现养殖粪肥资源化利用。巴美、金草原等企业，以肉羊养殖为中心，逐步延伸到饲草料生产、品种繁育、屠宰加工和有机肥生产，在地市层面形成配套相对完整的循环产业链。

二是充分利用丰富的农作物秸秆及加工剩余物，避免了对畜禽精饲料的依赖；通过项目带动人工饲草基地建设，提升优质饲草供应保障能力，2017年全市青贮玉米种植面积38.9万亩，优质牧草种植面积22.9万亩，最大限度地保障畜产品品质和畜牧业高质量发展。

三是通过草原生态治理项目，引导牧户转变牧区畜牧业生产方式，避免了超载放牧和草场退化加剧问题。

四是采用环境友好型的养殖设备和养殖技术，发展健康养殖，实现生产过程的清洁化。

五是企业与农户之间建立有效利益联结机制，带动中小养殖场户广泛参与。近年来，金草原公司以订单种植、放母收羔、产业资金入股分红、村组结对帮扶、联合经营和劳务工等多种模式，与农牧户建立起利益联结机制，发展专业化、规模化、集约化养殖，推动传统畜牧业向现代畜牧业转型发展。

六是政府以"天赋河套"区域公用品牌建设为引导，促进与肉羊产业链相关的企业加强品牌建设。目前巴彦淖尔市正在实施"天赋河套"农畜产品品牌战略，着力推进农畜产品品牌化体系、标准化体系、全程可追溯体系建设，推广优质绿色农畜产品地域产品，这对畜牧业产业转型升级和畜产品质量提升起到了重要作用。直接引导中小企业创建了一个覆盖全市域、全品类、全产业链的区域公用品牌"丽水山耕"，并制定了使用区域公共品牌的一套规则。

（三）经验和启示

巴彦淖尔市肉羊产业绿色发展的实践经验表明，种养结合、农牧循环是推动畜牧业绿色发展的方向。

通过推广种草养畜和舍饲，引导退化草原牧区的牧民转变传统畜牧业生产方式，推动传统草原畜牧业向现代高效畜牧业的转型。

企业与农户之间建立有效利益联结机制，带动中小养殖场户跟上肉羊产业现代化进程，形成市场化的全产业链的公共服务体系，增强农产品供给对需求变化的适应性和灵活性，以保障畜牧业绿色发展。

政府通过区域公共品牌创新，带动畜牧业产业转型升级和畜产品质量提升，推动畜牧业绿色高质量发展。

二 现代生态养殖模式的实践——广西苍梧县的做法和经验

广西是全国重要的畜牧大省区，政府 2017 年率先在全国出台并实施现代生态养殖"十三五"规划，推进畜禽现代生态养殖场星级建设，引导畜牧养殖业转型升级。而且从 2016 年开始，生态养殖工作被列入了各地绩效考核内容。苍梧县从实际出发，大力推广以"微生物"为核心的现代生态养殖模式，根据不同类生物间共生互利的原理，有效地缓解规模化养殖中粪污难处理、抗生素滥用、饲料成本高、产品质量不安全等难题，实现生产过程生态安全、环境生态安全、产品生态安全。苍梧县生态养殖模式日趋成熟，已形成可复制、可推广的经验。

广西在加快畜禽养殖业的转型升级和绿色发展中，通过现代生态养殖为抓手，解决了畜牧业与环境的相互协调发展的问题，畜牧业的绿色发展才能得到更大的提升空间，并且实现畜牧业转型升级的诸多目标。

1. 主要工作

苍梧县在大力发展和推广现代生态养殖过程中，主要开展如下工作。

一是坚持规划引领，加强管理，规范畜禽养殖业发展。县政府出台了《苍梧县畜禽养殖禁养区和限养区划定方案》，科学划定禁养区、限养区，大力推进生态化、规模化和标准化养殖，突出污染源头管控对规模养殖场严格执行环境影响评价制度，从养殖场的选址、规划布局、粪污资源化利用等方面强化监督和指导工作。

二是积极开展标准化规模养殖场示范创建活动，成立畜禽现代生态养殖场认证专家组，推进实施畜禽现代生态养殖示范场认证工作。至 2019 年，共有 24 家已顺利通过自治区农业农村厅星级认证。

三是开展技术扶持和教育培训。通过举办畜禽生态现代养殖技术培训班，对养殖企业和养殖大户进行培训，累计达 270 余人次。

四是积极开展畜禽现代生态养殖场创建指导服务工作。为更好地推进生态养殖示范点的创建工作，农牧业部门结合实际，为每个规模养殖场制订生态养殖建设方案，并多次组织和邀请县内外专家对生态养殖示范场创建进行入场指导，发放技术资料，开展现场咨询。

2. 具体做法和成效

一是基于"源头减排"思路，重点抓好养殖场标准化设施改造，从源头控水着手，建立饮水节水系统、自动投料系统、控风通风系统、自动刮粪系统实现清洁栏舍不冲水、雨污分流等，减少养殖用水达到源头减量的目的。

二是推广应用微生物技术，在饲料、粪便、污水处理环节添加微生态制剂（益生菌），有效解决畜牧生产过程中产生污染物的问题，实现资源化利用。

三是鼓励养殖业与种植业开展深度合作，养殖粪污就近就地还田利用，实现农牧结合、循环发展。

目前，全县大部分规模养殖场都按照生态养殖要求，进行了养殖设施改造，应用微生物处理粪便技术后，养殖场污水量减少了50%，粪便经微生物发酵处理后资源化利用率大大提高。2018年年末，苍梧县畜禽粪污综合利用率为80%左右。全县获得自治区生态养殖认证通过的规模化养殖场占85.7%，通过生态养殖认证的大型养殖场，粪污处理设施装备配套率达100%。各大养殖企业结合实际，创新现代生态养殖模式，实现综合效益最大化。如梧州通达农牧科技有限公司的横江猪场采用"猪+沼+果"种养模式，与周围种植户开展合作，粪污就近就地还田利用，实现农牧结合和循环发展。京南镇发宝养殖专业合作社采用"微生物+高架网床"生态养殖模式等，在饲料、粪便处理、污水处理、栏舍消毒等环节都应用微生物技术，既提高了饲料利用率，又减少了抗生素类兽药用量，提高了猪肉产品质量安全水平。

3. 案例的经验和启示

一是现代生态养殖的实质就是要探索建立适应养殖发展趋势、绿色发展理念的生态养殖模式，通过企业带动，农户参与，实现畜牧养殖业的生态环保和生产低成本、综合效益最大化。

二是提高畜禽养殖废弃物资源化利用水平，这是确保畜牧业可持续发展的根本途径。苍梧县以推动现代生态养殖模式为抓手，实现养殖粪污源头减量的基础上，通过就地就近还田利用，实现农牧结合和生态循环。

三是政府通过畜禽现代生态养殖场的认证工作，来约束和规范生产企业的行为，引导企业自觉行动，推进现代生态养殖的发展。

四是推进现代生态养殖模式，需要地方结合实际进行技术创新。

五是畜禽粪污资源化，需要制度性供给作为政策支撑。

三 圣牧高科的有机奶生产实践

近年来，越来越多的畜牧业生产企业将绿色发展理念纳入战略框架，通过不同渠道阐释其对畜牧业绿色转型的理解和决心，并且将绿色发展目标体现在畜牧业生产中，在生产过程清洁化基础上，畜牧业生产对于生态系统改善起到积极影响，农产品质量也随之大幅提升。目前，圣牧高科已成为国内规模最大、最具引领示范效应的有机奶产业基地。

（一）主要工作和做法

成立于2010年的圣牧高科牧业有限公司（以下简称"圣牧高科"），依靠当地得天独厚的自然地缘优势和草牧业基础，逐步建立起有机牧草种植、有机饲草料加工、有机奶牛养殖、有机液态奶加工、粪便无害化处理、有机肥还田利用的全产业链，实现了100%用自有牧场有机奶生产有机乳制品的公司。目前公司已建成有机饲草料基地2021余万亩，现代化牧场23座，优质奶牛存栏数7万—10万头；并建成有机奶加工厂2座，有机食品厂1座，有机饲料加工厂1座，有机肥加工厂1座。全程有机产业链生产体系，可以提高牧场粪污资源化利用率，减轻对环境造成的负面影响。

一是注重种植用地与养殖规模匹配问题，实现种养一体化。圣牧生态草业公司按照"3 亩田养 1 头牛，1 头牛还 3 亩田"种植用地与养殖规模匹配原则，围绕牧场配置相应的饲草场面积。草业公司结合沙漠治理改造，共开发有机牧草饲料种植基地 41 万亩，并按照有机种植要求，种植青贮玉米、苜蓿、燕麦草等牧草饲料作物，年生产优质高产的有机牧草 20 万吨，为奶牛养殖提供高品质的有机饲草料供应。

二是采用高标准的饲养模式，实现全程可追溯。为确保产品质量与安全以及健康标准达到世界一流，公司选择引进高品质的奶牛；引入国际标准化牧场管理理念，建立了奶牛专属环境体系；设置不同专属区域，进行针对性、系统化管理；组建了技术专家团队，按照欧盟有机标准及国标有机标准，采用国际先进方法进行饲养和营养要求，提高了原奶产量及品质；采用智能化电子耳标管理系统实现全程可追溯。

三是对牲畜粪污进行无害化处理，实现资源化利用。圣牧草业有机肥厂已建成了九个有机肥厂、七个液体肥厂、一个种肥厂及水肥一体化系统，实现对所有牧场粪污的无害化处理，生产的有机肥用于饲料种植，不仅为作物提供各种营养元素，而且改良了沙化土地，生产环境要素质量明显提高。

四是圣牧高科构建了完整的有机奶一体化产业体系，提升了国内有机奶产品的供应能力。圣牧高科生产的有机牛奶通过了欧盟有机认证和中绿华夏有机认证，系列产品已销往 30 多个省区 1000 多个市场。

五是政府通过粮改饲和草牧业项目对企业有机产业链进行支持。

为扶持圣牧高科的发展，地方政府将圣牧高科的18个牧场纳入粮改饲项目单位，由圣牧高科完成的粮改饲面积占全县总任务量的80%。当地政府将很多涉农涉牧项目资金投入圣牧高科的各个生产环节的企业中。

（二）经验和启示

圣牧高科是国内生产有机乳制品行业中的标志性企业，经过多年努力，已经通过形成了种养结合的产业模式，主要解决几个关键问题：一是通过粪污资源化利用解决了生产中的污染问题；二是环境改善，实现产地绿色化，提高饲草料产品质量；三是用高质量的饲料进行高质量的生产，实现产品优质化。从圣牧高科的实践中反映出畜牧业绿色发展的特征和变化。

圣牧高科的实践也表明，畜牧业绿色发展，需要企业自觉行动，要将具体举措落实到具体生产环节中，绿色成为驱动畜牧业发展的内生动力。

第四节　推动畜牧业绿色发展的政策建议

推动畜牧业结构调整和改革，实现转型升级和可持续发展，全面提升畜牧业质量效益和竞争力，是中国畜牧业发展的基本方略。在国家对养殖环保力度加大的环境下，引导畜牧业向生态环保方向转变，解决动物产品的安全性和畜牧业生产对环境生态困境问题，是中国现阶段乃至未来畜牧业绿色发展的主要目标。

一 要加快理论创新

在推进中国畜牧业绿色转型发展的实践中，要根据新的实践需要推进理论创新。

（一）要聚焦绿色发展基础理论和中国绿色发展问题研究

绿色发展并不是新近出现的理念，可持续发展理论、环境经济理论、生态经济理论等都对绿色发展进行了探讨。促进绿色发展是个复杂过程，随着环境问题的变化和人们对环境问题认识的深化，绿色发展也被赋予不同的内涵。所以，加强基础理论研究的基础上，要着重研究发展中出现的难点和问题。

（二）大力开展调查研究，不断丰富和完善理论

畜牧业绿色发展内容丰富，各地区或企业根据基础条件不同和阶段不同，从不同方面进行实践探索，重点内容和模式选择不同，所以要大力开展调查研究，认真总结基层有益探索实践和成功经验，提炼形成可复制、可推广的发展模式和路径，不断丰富和完善相关理论。

二 构建推动畜牧业绿色发展的政策和制度环境

绿色发展具有公共品或准公共品特性，难以完全按照商品交易的方式推进。在农业绿色发展的推进上，政府需要承担责任，做出贡献（李周，2021）。

（一）制定务实的畜牧业绿色发展标准和评价体系

需要逐步建立畜牧业绿色发展的标准和评价体系，来衡量绿色

发展的进步状况，为绿色发展决策、引导和调控提供支持。要考虑不同地区畜牧业绿色转型发展重点和模式，在相关考核和评估中关注存在的差异性，避免"一刀切"。

（二）建立推动畜牧业绿色发展稳定的投融资政策体系

要逐步建立稳定的投资、价格、金融政策体系和扶持措施，对畜牧业绿色发展做出更准确的引导，使生产、加工和销售环节的企业主动践行和共同努力，才能实现。

（三）要推进政府绿色管理方式的创新

从调查的实践样本研究中发现，政府为推动畜牧业绿色发展，创新管理提出很多举措，包括通过编制畜禽养殖废弃物资源化利用工作方案，分解减排指标并落实到养殖企业等办法，加强监管规范畜牧养殖业的行为。

（四）注重示范引领

各地要借鉴成功经验做法，认真总结提炼，形成可复制、可推广的发展模式和路径。注重利用信息化手段，通过报纸、电视、网络、微信等媒体，大力宣传推介一批不同地区、不同模式的典型案例，以点带面推动畜牧业绿色发展迈上新台阶。

三　畜牧业绿色转型发展需要依靠一系列技术因素的推动

解决畜牧业环境污染问题首先需要从技术层面着手。随着畜牧业绿色化方式发展，需要重视绿色生态技术研发和应用。在保护环境的基础上，及时跟进先进、适用的技术手段，并合理利用现代科技手段推动畜牧业绿色转型升级，实现畜牧业可持续循环发展。

（一）要素投入的减量技术

推广应用绿色饲料添加剂和抗生素替代品，可以确保畜产品的品质和质量。重点抓好养殖生产各个环节投入减量技术，实现源头减排。

（二）生产效率的高效技术

从品种繁育、绿色营养的饲草料开发、经营管理等方面进行技术改进，提高生产效率，降低营养物质排泄量。

（三）生产模式的生态循环技术

采用环境友好型的养殖设备和养殖技术，发展健康养殖，实现生产过程的清洁化。需要推广科学养殖方式，建立农牧结合的产业链，实现资源节约。在废弃物综合利用中，推广适用的处理技术，实现污染物的零排放等。

第七章 水产养殖业绿色发展的理论及实践创新

本章从绿色发展和绿色产业角度探讨了水产养殖业绿色发展的核心概念，并从理念、目的、机制和路径四方面阐述了水产养殖业绿色发展理论的具体内容。在简述国内当前水产业绿色发展的十种模式的基础上，对其共性、各自特点和问题进行了比较分析。通过浙江、江西和山东三省的案例剖析，分析了水产养殖业绿色发展的政策、趋势和保障条件，并提出相关对策建议。

第一节 水产养殖业绿色发展的核心概念和理论

水产养殖业绿色发展是以水域生态环境容量和资源承载能力为前提，以人类的经济福祉、社会福祉和生态福祉的可持续提高为目标的产业发展方式。

一　核心概念的界定

水产养殖业绿色发展的核心概念包括两个：水产养殖业绿色发展和绿色水产养殖业。前者探讨的是绿色发展模式，后者落脚点在绿色产业。

（一）水产养殖业绿色发展

1. "绿色发展"的概念与内涵

绿色发展有不同表述，如绿色增长、绿色经济等。从内涵上看，经济合作与发展组织（OECD）将绿色增长的内涵分为促进增长与减少经济活动对环境的影响两个方面。联合国环境署（UNEP）认为绿色经济是一种可以促进提高人类福祉和社会公平，同时显著降低环境风险和生态稀缺性的环境经济。李周（2018）认为绿色发展是以满足生态环境容量和资源承载的要求为基础，以清洁能源为动力，以资产绿化为保障，以兼顾人类福祉与生态福祉为目标的发展模式。

在研究农业绿色发展时，吴丹等（2017）强调在整个产业链条的各个环节中，通过引入绿色要素，以形成资源利用高效、生态系统稳定、产地环境良好、产品质量安全的农业发展新格局。魏琦等（2018）认为绿色发展的核心要义是实现资源节约、环境友好、生态保育、质量高效，突出强调农业产地环境、生产过程和农产品均要实现绿色化。孙炜琳等（2019）认为绿色发展是以经济、社会、生态环境可持续发展为目标，以绿色发展制度建设和机制创新为保障的发展理念，是实现农业可持续发展的根本路径，是农业生产生态生活的全过程、全方位绿色化。

2. 水产养殖业"绿色发展"的概念和内涵

Neilsen 等（2014）将水产养殖业绿色发展定义为：通过提高管理效率以增加水产养殖业附加值以及与其活动相关的区域环境和服务的价值，从而得到额外的福利增长。中国学者大多是在农业绿色发展概念的基础上给出了水产养殖业绿色发展的定义。如卢昌彩（2018）认为水产养殖业绿色发展是建立在水域生态容量和资源承载能力约束条件下，运用先进的管理理念、科学技术和物质装备，形成资源高效利用、生态系统稳定、产地环境良好、产品质量安全的新型发展模式。岳冬冬等（2018）将水产养殖业绿色发展定义为以人、水产养殖活动与自然环境和谐共处为目标取向，创新水产养殖绿色发展技术、体制机制等内容，实现水产养殖环境友好、技术高效、产品安全、渔民增收、消费者满意的全过程绿色发展新机制。

当前水产养殖业绿色发展的定义存在目标上的过少或过多，驱动力规定得过严等问题。水产养殖业有自身的特点，有些品种如贝类等的养殖，以及有些养殖方式如大水面天然放养等，具有天然的环境友好性，下定义时应该充分考虑这一行业特点。同时，定义应该以目标为导向，尽可能宽泛和包容。只要发展方式能够可持续地增进人类福祉和生态福祉，就可以认定为绿色发展，而不一定是方方面面、各个环节都实现绿色化。从驱动力看，我们应该鼓励技术和制度创新，但也要包容传统的生态养殖方式和技术。附加的条件越多，排除的发展方式就越多，评定产业绿色发展水平的难度也越大。从这一点看，国际组织的定义具有更广泛的适用性。

基于上述分析，笔者认为：水产养殖业绿色发展是以水域生态环境容量和资源承载能力为前提，以人类的经济福祉、社会福祉和生态福祉的可持续提高为目标的产业发展方式。

（二）绿色水产养殖业

1.“绿色产业”概念的界定

“绿色产业”的概念随着实践发展在不断演进。绿色产业的最初定义主要与生态环境保护产业相关，环保产业等定义为绿色产业。刘小清（1999）认为，“绿色产业”也称环保产业，是国民经济结构中以防治环境污染、改善生态环境、保护自然资源为目的所进行的技术开发、产品生产、商品流通、资源利用、信息服务、工程承包、自然生态保护等一系列活动的总称。随着实践进展，绿色资源开发相关的产业也被纳入绿色产业范畴。刘景林、隋舵（2002）认为，所谓绿色产业，是指生产经营过程及产品符合环保要求或对自然资源及生态环境进行保护和维修的产业的总称。绿色产业不是指某一具体部门、产业、企业，而是多部门、多产业、多企业组成的群体，有可能也有必要突破原有的三次产业划分法，成为与第一、第二、第三产业并列的第四产业。曾建民（2002）认为，绿色产业是以绿色资源开发和生态环境保护为基础，以实现经济社会可持续发展，满足人们对绿色产品消费日益增长的需求为目标，从事绿色产品生产、经营及提供绿色服务活动，并能获取较高经济与社会效益的综合性产业群体。由此衍生出的综合性看法是，将环保产业看作狭义的绿色产业，而所有服务于资源节约和环境友

好的产业被认为是广义的绿色产业（李碧浩等，2012）。裴庆冰等
（2018）基于产业政策考虑，将绿色产业在狭义上定义为提供有利
于环境友好、资源节约、生态良好的产品和服务的企业集合体，广
义上纳入了绿色化的产业，即在产品全生命周期过程中达到相关绿
色标准的企业集合体。

2. "绿色水产养殖业"界定时应考虑的两个因素

上述对绿色产业的定义考察角度不同，在各自语境下有其逻辑
性，但是具体到绿色水产养殖业的界定上，至少需要考虑以下两个
重要因素：

一是要考虑"绿色"内涵不断丰富，需要对其维度和层次进行
辨析从而界定绿色产业的范围。在当前时期"绿色"的含义主要体
现在以下三个维度上：①资源节约，即在生产、流通等环节提高资
源利用效率，推进资源循环利用，以最少的资源消耗获得最大的经
济和社会收益。②环境友好，即使用清洁化的能源和原料，采用有
利于环境保护的生产消费方式，降低污染产生量、实现排放无害
化，减少社会经济系统对环境系统的不利影响。③生态良好，包含
生态保护、生态修复以及减缓和适应气候变化等方面。"绿色"含
义应符合上述三个维度中的一个或多个。

二是应以产业为落脚点来认识绿色产业。辨明产业绿色化与绿
色产业间的关系。在经济学中，产业通常定义为提供同类产品或服
务的企业集合，产业这一概念侧重于表述同类企业集合这一特点。
绿色产业与三次产业分类方式并不冲突，只是以特定角度对一些产
业进行归类，并不适宜作为与三次产业并列的产业。而产业绿色化

是对产业进一步发展的更高要求。实现绿色化的产业与通常所说的绿色产业概念存在区别，是拓展了的绿色产业概念，可视为广义绿色产业的内容。

笔者认为，绿色水产养殖业的概念界定，首先考虑的因素应该是产业目标。水产养殖业的"绿色"性用（生态）环境友好和资源节约2个维度，或环境友好、资源节约、生态健康3个维度衡量比较合适。符合其中一项或多项目标，就可以被认为是绿色的水产养殖业。同时，应区分产业绿色化与绿色产业，以产业为落脚点。绿色水产养殖业是对水产养殖业进一步发展的更高要求，水产养殖业绿色化是水产养殖业走向绿色发展的过程。

二　水产养殖业绿色发展的理论

水产养殖业绿色发展的理论基础主要是与水和渔业资源管理相关的资源、环境和生态经济学理论，基于此，可以从理念、目标、机制和实现路径四个方面构建水产养殖业绿色发展的理论体系。

（一）相关的理论依据

水产养殖业传统发展模式重视水产品养殖的产量和经济效益，相对忽视水域生态环境容量及水产品质量等因素。绿色发展则强调生态优先，在发展中保持经济、社会和生态环境之间的平衡，其理论基础主要是与水和渔业资源管理相关的资源、环境和生态经济学理论。如可持续发展、外部性、环境经济、生态经济、循环经济和水管理理论等。可持续发展理论追求在生态环境、经济增长和社会发展三者之间达成持续高效的协调一致性，其中，生态可持续是基础、经济可持续是条件、社会可持续是目的。外部性理论认为把资源和环境视为可以免费享用的"公共物品"是环境日益恶化的根源，从而提出鼓励或保护正外部性行为和惩罚或管制负外部性行为的解决方案。环境经济理论主要讨论环境治理问题，与外部性理论和产权理论密切相关。水管理包含水资源管理、水环境管理和水服务管理等多项重要内容。水资源以公共资源属性居多，大多具有竞争性和非排他性特征。水环境管理主要是针对外部性而言的，其中外部不经济主要表现为各种因素造成的水资源衰竭、水质污染等负外部性。生态经济理论是一种系统论的观点，强调经济和生态系统协调发展。循环经济理论将社会经济体系纳入整个生态系统中，其核心是资源的循环利用和节约，关心如何最大限度地提高资源的使用效率。

（二）水产养殖业绿色发展理论的构架和内涵

基于以上基础理论，本章从水产养殖业绿色发展理念、发展目标、运转机制和实现路径四个方面构建了水产养殖业绿色发展理论框架，并依据水产养殖业特点和发展趋势，赋予其具体内涵。

1. 水产养殖业绿色发展的理念

"绿色发展"是水产养殖绿色发展的发展理念。"绿色"强调的是生态环境保护和资源节约，"发展"则强调经济增长和社会进步，"绿色发展"理念强调的是一种不降低资源和生态环境品质的经济和社会等人类福利的增长。这种发展理念与生态文明是契合的，在很大程度上是相对于工业文明时代的"黑色发展"提出的。工业文明时代，人类走了一条高投入、高能耗、高排放、高污染、低效率的"黑色"发展道路，导致经济发展与资源环境的矛盾冲突加剧，生态危机频发。水产养殖业绿色发展就是要摒弃"黑色发展"方式，通过"绿色"化改造，实现可持续发展，因此水产养殖业绿色发展应该具有低排放、低污染、低能耗、低物耗以及高效优质的特征。

2. 水产养殖业绿色发展的目标

水产养殖业绿色发展的目标就是增进生态福祉和人类的经济、社会福祉。具体来说，就是追求环境友好、资源节约、产品安全、产业增长和社会进步等。需要明确的是，在这些目标中，经济发展依然是核心，只是必须以生态优先为前提，兼顾社会发展。之所以将生态福祉前置，是为了强调发展的"绿色"性，并与传统的水产养殖业相区别。

3. 水产养殖业绿色发展的机制

绿色发展理论探讨的就是如何将资源和生态环境因素变成经济增长的内生变量，以资源节约、环境和生态友好的方式获得经济高质量增长。传统的经济增长理论是将资源、生态环境因素视作外生变量来追求经济福利最大化，经济产出常伴随资源和环境代价。在绿色发展方式下，资源和环境因素必须内化在水产养殖业的生产过程中，以投入、生产方式、管理方式或产品的形式，体现在水产品的成本当中。为了实现经济效益，产业就必须主要通过技术进步和制度创新，尽可能实现与资源、环境因素脱钩的经济增长。如稻渔综合种养通过制度创新将污染问题内生化，工厂化循环水、网箱养殖等则深刻依赖工程化、智能化的集约技术。当前中国的水产养殖业正在绿色发展理论的指导下，朝着设施化、智能化与生态化相结合的方向发展。

4. 水产养殖业绿色发展的路径

以上理论也为养殖业绿色发展提供了实现的思路和路径。绿色发展是可持续发展的组成部分和阶段性目标，可以通过环境经济、循环经济和生态经济等的治理思路来实现。环境经济研究的是经济的外部性问题，以环境污染及其治理和恢复为主要内容。在水产养殖业中，主要运用在确定责任主体、防治养殖水质污染、养殖尾水达标排放以及维护并恢复水生态环境等问题上，因此可以被纳入绿色发展思路中。循环经济是以"减量化，再利用，资源化"为原则，以低消耗、低排放、高效率为基本特征。对水产养殖业而言，就是将生产链和生态链循环有机统一起来构建生态健康的水产养殖业。所以，构建循环经济也是实现绿色发展的一种重要方式。生态经济关注生态系统的服务和价值，期待通过构建生态系统和经济系统间的良性互动机制实现生态系统和经济系统的和谐发展。其理论可以为绿色发展提供支撑，比如探讨如何选择、搭配养殖品种来构建一个生态友好的生产系统，以及指导大水面养殖的合理规划等。

第二节　中国水产养殖业绿色发展模式

基于不同的技术和管理方式，中国水产养殖业正朝着设施化、智能化、生态化和有机化的方向发展，在实践中形成了既有共性又各具特色的水产养殖业绿色发展模式。

一　水产养殖业绿色发展的主要模式

从中国水产养殖业绿色发展的实践来看，至今为止，逐渐形成了十种典型模式。

（一）池塘立体生态养殖模式

池塘立体生态养殖模式，是通过池塘技术改造和不同营养层级的水产养殖品种搭配、实现生态高效的立体混养模式，如虾、蟹、鳜等的生态高效混养。

（二）鱼菜共生模式

鱼菜共生模式，是通过融合水产养殖与水耕栽培技术，实现鱼类养殖与水培蔬菜互利共生的新型循环水养殖模式。主要有直接漂浮法、养殖水体与种植系统分离、养殖水体直接去基质培的灌溉系统连接、水生蔬菜系统等几种模式。

（三）稻渔综合种养模式

稻渔综合种养模式，是一种通过构建稻渔共生互促系统、实现水稻种植和渔业生产互利的综合技术和养殖模式，目前在中国获得广泛推广。已经逐渐从稻—鱼的单一模式发展成稻—鱼、稻—蟹、稻—虾、稻—龟鳖、稻—贝、稻—蛙等多种技术搭配，规模逐年增长。

（四）池塘工程化循环水养殖模式

池塘工程化循环水养殖模式，是通过工程化改造，将已有的传统池塘分割成小水体养殖区和大水体净化区两部分，其中小水体区域借助增氧和推水设备模拟出常年流水环境，可开展多品种高密度养殖；大水体区域放养滤食性鱼类和种植水生植物，净化水体及促进大小水体水循环。

（五）陆基集装箱养殖模式

陆基集装箱养殖模式，是利用池塘和集装箱形成的循环水处理系统实现养殖尾水循环利用。在集装箱中养鱼，养殖尾水经固液分离后释放到池塘中降解，池塘中的水经过臭氧杀菌后再进入集装箱中进行流水养殖。

（六）工厂化循环水养殖模式

工厂化循环水养殖模式，是基于一套工厂化循环水养殖系统，是通过水处理设备将养殖水净化处理后实现全部或部分养殖用水再循环利用的一种养殖模式，技术含量较高。例如，全封闭式工厂化水产养殖，在由鱼类养殖池和循环水处理系统等功能单元组成的封闭系统中，通过集成生物学、化学、工程学、建筑学、电子信息学和环境工程学等领域的技术，通过物理、生物和化学的方式过滤、去除养殖水体中的残饵、粪便及其他有害物质，再经过消毒增氧、调温等处理后输回养殖池实现养殖用水的循环利用。它是在封闭条件下被高度安全管理的高科技、环保型生产系统。

（七）大水面生态渔业养殖模式

大水面生态渔业养殖模式，是目前大部分地区推行的是低密度养殖的"人放天养"方式，但值得注意的一种新趋势是，生态网箱养殖模式也正在形成和发展。

（八）"深水网箱"养殖模式

"深水网箱"养殖模式，是指在水深15米以上的沿海开放性水域设置大型网箱来养殖。1998年以来，中国一直在借鉴日本和挪威等国家的技术开发研制深水网箱系统，HDPE 圆形深水网箱、钢制平台式网箱和抗风浪金属网箱 3 种类型的国产化制作技术较成熟，大型深水网箱有待观察。

（九）盐碱水养殖模式

盐碱水养殖模式，是通过在盐碱地区改造坑塘或开挖池塘，使鱼塘周边土壤盐分淋溶到池塘中，在改良周边土壤的可耕种性的同时，将这些迁移出来的盐碱水开发用于水产养殖，实现渔农综合利用、渔业与生态修复于一体的经济循环链。它是一种"以渔降盐、以渔治碱、种养结合"的模式，近年来发展势头良好。河北沧州、江苏大丰、甘肃景泰等地区先后建立盐碱地渔农综合利用示范区，挖掘了盐碱地资源潜力，缓解土地盐碱化程度，并开拓养殖空间，发展前景可期。

（十）尾水治理养殖模式

尾水治理养殖模式，是通过其他尾水治理提升养殖业绿色化的模式，如湖州的"三池两坝一渠一湿地"治理模式等。各地普遍采用配套沉淀净化池、水生动植物共生和农田灌溉等方式处理尾水。

二　水产养殖业绿色发展模式的特点比较

除盐碱水养殖模式外，其他几种模式的共同点是，都能够减少水产品养殖活动产生的自体污水或向外部环境排放的污水量。根据其原理和技术还可以进一步分为三大类：第一类是天然的绿色水产养殖业，如池塘立体养殖和大水面生态渔业。第二类是通过产业间合作实现绿色发展的生态农业模式，如稻渔综合种养、鱼菜共生和盐碱水养殖等。第三类是通过技术和管理方式改进实现绿色化的水产养殖业，如工程化循环水养殖、集装箱养殖、工厂化循环水养殖、深水网箱养殖和池塘尾水处理模式等。三种模式都具有资源节约和环境友好的特点。它们也有共同的问题：一是大部分模式都存在投资、运行成本及经济效益不是很清晰的问题。二是都存在需要优质优价的问题，创建绿色品牌对水产养殖业绿色发展非常重要（操建华等，2020）。从差异看，具体表现如表7-1所示。

表 7-1 不同水产养殖业绿色发展模式的比较

模式	适宜地点	原理	优点	问题和风险
池塘立体养殖	池塘	水生生物生态学	充分利用水体的养殖空间	产量低
稻渔共生	池塘为主	鱼菜共生互惠的生态农业或循环经济	节水并减少水处理费用	易受环境、种植品种配比和系统工艺等多方面因素的影响；难集约化；经济效益
稻渔综合种养	水稻田	稻渔共生互促的生态农业或循环经济	化肥、饲料和农药减量，甲烷和二氧化碳减排，稻鱼品质均可提升，经济增效	要精通种养两种技术及其配合；优质优价问题；耕地保护
池塘工程化循环水养殖	池塘	池塘循环水养殖技术、生物净水技术和高效集污技术	集约化，产量提高，物耗、人工和管理成本降低，养殖尾水"零排放"或达标排放	启动成本高，饲料质量和养殖管理技术要求高，不能停电
陆基式集装箱养殖	池塘和集装箱	箱体与池塘一体化的循环系统	污水处理集约化，管理智能化，能够调控水体、降低疾病发生率	投资较大，技术要求高（水质调控和尾水处理、不同区域不同品种的适应性等问题），运行成本、产业体系建设、支持政策、优质优价等问题
工厂化循环水养殖	养殖池和循环水处理系统	全程封闭水处理，循环水处理系统可控温、水、苗、料、菌、藻	节地、节水，环境依赖度低，智能化调控生产全程，产出高	

模式	适宜地点	原理	优点	问题和风险
大水面生态渔业	大水面	自然消纳	水产品优质，无污染	优质如何优价
深水网箱养殖	水深15米以上的沿海开放性水域	自然消纳	集约化程度高，养殖容量较大，有较强的抗风浪、抗海流能力，在拓展养殖海域等方面有优势	投资大，技术要求高，自然风险大，运行成本高，经济效益待定
盐碱水养殖	盐碱水地区	以渔降盐、以渔治碱、种养结合	改造盐碱地，扩大可耕地面积和水产养殖空间	初级发展阶段，生态和经济效益需进一步总结
尾水治理养殖	任何水域	利用湿地、沉淀净化池、植物吸附或污水处理技术等	尾水达标排放	额外的水面和土地

（一）模式的原理不同

有的是根据生态经济原理构建，如池塘立体养殖、稻渔综合种养、盐碱水养殖和鱼菜共生等。有的是利用高科技的水处理技术来实现水的循环利用，如池塘工程化循环水养殖和集装箱养殖。有的则是在水容量范围内养殖，对环境污染小到可以忽略不计，如大水面和深水网箱养殖。

（二）模式的适宜性不同

稻渔综合种养要求有水稻田。盐碱水养殖是在盐碱水地区，鱼菜共生、池塘立体生态养殖、工程化循环水、陆基集装箱养殖和尾水处理模式主要适用于池塘。工厂化循环水养殖对地点要求低。大水面生态养殖和深水网箱针对的是特定水域。

（三）模式的技术和资金需求不同

显然，深水网箱对工程和智能化控制技术要求最高，投资最大。集装箱和工厂化、工程化循环水养殖也是集约技术，对工程、养殖和管理的技术要求比较高，投资也较大。稻鱼和鱼菜共生的要求是养殖者要精通两类产业的种、养殖，能够比较好地把握不同生物间的生长规律并做到完美对接。相对而言，池塘立体生态养殖和大水面生态渔业的技术较低。

（四）模式的优点不同

稻渔综合种养和鱼菜共生模式，在处理尾水的同时，可以促进化肥和饲料减量，基本不用农药，因此无论稻米、菜还是水产品都是绿色生态产品。而且有研究表明，稻渔综合种养还能够促进甲烷和二氧化碳减排，提升经济效益。盐碱水养殖治理了盐碱地，并拓展了水产养殖空间。池塘工程化循环水养殖模式集池塘循环流水养殖技术、生物净水技术和高效集污技术于一体，较传统池塘养殖产量更高，可以实现养殖周期内的养殖尾水"零排放"或达标排放。工厂化循环水养殖和陆基集装箱养殖模式改变了传统养殖地点，对环境依赖性较小，具有节地节水、生态环保、质量安全、智能、集约等特点，为传统池塘养殖区提高产能提供了新模式。在日益严格的生态环保要求下，水产养殖水域面积正在不断缩减，因此，集装箱养鱼对发挥现有养殖水域潜力值得探索。大水面生态渔业在和休闲渔业发展相结合方面有独特优势。"深水网箱"模式因其养殖容量较大，在拓展养殖海域和增加养殖效益等方面优势明显。

（五）模式存在问题的不同

池塘生态立体养殖产量较低，经济效益不高。稻渔综合种养要求水域与耕地达到一定配比，推广时一旦把握不好就可能侵占耕地，需要格外重视在保护现有水稻田面积的基础上审慎发展水产养殖业。此外就是优质优价的实现问题。鱼菜共生系统是新兴模式，国内偏重于鱼菜共生技术的实现。工程化循环水养殖和集装箱养殖需要较大投资，对电力供应、工程技术、养殖和管理技术要求高，不具备条件匆忙实施可能适得其反。集装箱养殖也是投资大、技术和管理要求高，尾水治理需要额外使用一些水域或土地。大水面生态渔业由于养殖密度低，产量较低。深水网箱养殖和盐碱水养殖还在发展初期，技术上和经济上的可行性还有待观察和总结。

第三节　中国水产养殖业绿色发展的典型案例

中国绿色水产养殖业蓬勃发展，本部分重点剖析江西省淡水养殖、山东省海水养殖以及浙江省养殖尾水治理的典型案例。

一　浙江省湖州市水产养殖业绿色发展案例

湖州是全国渔业绿色发展做得最好的地区之一，通过大力推进绿色发展，呈现出可持续发展的良好态势。

（一）商品龟鳖温室大棚整治和补偿政策

根据浙江省、湖州市和安吉县"五水共治"的工作部署，湖州市出台的"温室商品龟鳖清零行动"要求，安吉县依据《中华人民共和国农产品质量安全法》《中华人民共和国大气污染防治法》《中华人民共和国水污染防治法》等相关法律法规，制定了《安吉县温室商品龟鳖养殖整治工作方案》，对全县所有温室商品龟鳖大棚设施进行整治，为此制定了堵疏结合，多措并举的政策，通过合理补偿，引导养殖场（户）退养。具体的政策包括：①自愿签约拆除温室商品龟鳖养殖大棚的养殖场（户），按实际测量温室养殖面积给予120元/平方米补助（含复垦每平方米20元）；在期限内拆除温室设施的，奖励40元/平方米。经依法批准建设的生产性辅助用房（包括设施），按拆除面积给予每平方米补助240元，补助总面积最高不超过养殖温室面积的20%。②不愿签约拆除温室大棚的，由相关部门依法查处，并依法强制关停、拆除，不予补助和奖励；对利用废弃温室设施，突击投苗养殖的，一经发现依法关停并不予补助。方案所涉及的补助、奖励面积均以第三方中介机构实测为准，由乡镇（街道）工作组、中介机构和养殖户现场签字确认，经县整治办公室组织相关部门验收合格并经审核、公示无异议后，全额支付。安吉县有龟鳖温室大棚养殖户15户，20幢大棚，全部完成签约拆除复垦工作，整治面积共1.34万平方米。

（二）池塘养殖的密度控制和尾水处理支持政策

安吉侧重渔业养殖的水质管理，对于污染较重的养殖项目进行限制甚至禁止，在尾水处理上给予较多支持政策。由于河长制等水管理政策的实施，养殖户在密度控制、尾水管理上也有更多的自觉性。

1. 建萍水产养殖专业合作社的池塘养殖与尾水处理

建萍水产养殖专业合作社共有土地 203 亩，17 个池塘，主要养黄颡鱼、青鱼和鳜鱼，是当地的科技示范户。其生产情况，如投料和用药情况需按月逐笔登记。由于浙江省对水管理较严，该合作社池塘养殖密度都相对较低，如黄颡鱼每亩投苗 8000 尾，据介绍低于平均投放水平的 1.3 万尾。合作社获得的政府支持主要来自两个渔业产业提升项目：①尾水处理。主要是"沉淀池—曝气池—生态池"的建设，以及水质在线监测等仪器和设备投资，占地约 10%。经此设施，池塘上层水可直排，下层水经过曝氧处理后排放。②池塘改造。包括道路、电力设施和沟渠建设。政府补偿力度较大，中央和省里对这些项目建设的补贴达到总投资额的 60%。

2. 安吉梅溪草滩家庭农场的池塘养殖尾水处理

安吉梅溪草滩家庭农场有 60 多亩养殖池塘，其建设的防治排水污染的处理设施模式是"沉淀池+曝气池+生态池"，并与荷塘联通，可以继续吸收养殖水排出的养分，总面积约 7 亩，占农场总面积的 3.5%。因为符合发展方向，政府对该项目进行了资金支持。

3. 安吉裕达牧业有限公司的养殖尾水处理

公司由四位自然人股东发起设立，处于一条封闭的山沟内，山谷和水源均被公司全部承包，面积 538 亩，以棘胸蛙特种养殖为主。这类项目的生态友好特点表现在：①棘胸蛙养殖饲料是面包虫，不施用化肥农药。②企业专门留出约 7 亩的土地净化排放水，其中净化池占地 3 亩。池中种植有植物、水草，下游是闲置的田地，用作天然湿地，去除水中污染物。③养殖孵化过程中的循环水处理：泵抽水到过滤池中，经过曝氧，降温，水流回养殖池中。正因此，政府对这类养殖项目也持支持态度，这些年共获得政府支持占企业总投资的 30%。

（三）安吉梅溪草滩家庭农场的稻田养虾项目

该农场现有池塘和各种田地 195 亩，共有约 100 亩水田被逐步开发成稻虾综合种养田。放养龙虾的密度不高，为 70—80 斤/亩。小龙虾的饲料也由之前的冰鲜鱼改为水草和小龙虾饲料，水里的茭白、螺丝和水花生等也成为天然食物。农场有专门种植水草的田，施以有机肥。稻虾共养的水田不需要打农药，杂草清理也不用除草剂，因此产品的品质优良，收益可观，纯收入可以达到 1.5 万/亩。

二 江西省水产养殖业绿色发展的典型案例

（一）江西立新乡池塘养殖及其标准化改造支持政策

农业农村部在《规范》中提出要稳定海水池塘和淡水池塘养殖。池塘精细化养殖中的密度控制、饲料和用药管理，以及如何改善尾水处理将是未来池塘养殖发展中面临的重要问题。农业农村部多年来一直致力于推进池塘养殖的标准化改造，解决的主要问题是池塘的进排水、护坡和底部清淤问题，改造后可以提高池塘的水容量，并减少鱼病发病率，进而提高水产品产量。这一措施在地方上获得了普遍欢迎。

池塘标准化改造是江西省支持地方水产养殖业健康发展的主要措施之一。从 2008 年开始，每年有来自中央财政约一个亿的资金，用于支付池塘标准化改造验收合格后的补偿，占业主池塘改造总成

本的 1/4—1/3。江西每年大约能够补贴 5 万亩池塘改造项目，取得
了较好的生态和经济效益。以立新乡水产场的池塘标准化改造项目
为例，该水产场以养草鱼为主，共 3500 亩池塘，其中 2300 亩池塘在
2010—2011 年完成了改造。改造成本平均是 3500—4000 元/亩，政府
补贴为 1000—1500 元/亩，约占 1/3。池塘改造前水深 1.5 米，现在
达到 2—2.5 米，带来的主要好处，首先是水产养殖容量和产量增加
了 1/3。其次是饲料的产出率增加。草鱼料肉比由改造前的 1.8∶1
提高到（1.6—1.7）∶1，鱼病发作也相应地减少。

（二）方洲公司天然水面的黄颡鱼循环水养殖试点项目

江西省方洲特种淡水养殖有限公司的池塘循环水养殖项目约占
地 70 亩，进水水面和出水水面分别占地约 30 亩，之间建设了一条
面积约 1100 平方米的鱼槽跑道，该鱼槽既是养鱼的地方，也用于
净化水。出水与进水相通，循环利用。该项目带有试验性质，占用
水面较多。该项目需企业先投资运行，由政府考察验收后，按比例
给予一次性补偿。

（三）江西武宁县柘林湖人放天养模式和生态补偿政策

根据农业农村部的《规范》要求，过密的近海网箱养殖和湖泊
水库网箱围栏养殖将被调减。为加强水库水质保护，江西省《关于
规范水库养殖行为加强水库水质保护的指导意见》要求，对本区域
饮用水源与非饮用水源水库，水库库区周边禁养区、限养区、适养
区进行科学合理规划，在小（2）型及以上水库，禁止使用无机肥、
有机肥、生物复合肥等进行养殖，积极推行人放天养。其中，武宁
县大水面网箱养殖的治理是该政策执行的成功范例。

　　武宁县大水面网箱养殖的治理和开发历经9年，采用了清理补偿和安置两种方式。柘林水库（又名庐山西海）全境水域面积46万亩，流经武宁、永修两县，其中武宁境内34万亩。20世纪90年代由于产业政策等原因，鼓励网箱养殖和库湾开发，水产事业发展迅猛。至2008年庐山西海（武宁辖区）网箱达2.5万箱，土、网拦库湾345座，导致水质污染、航道阻碍，影响了旅游景观。

　　柘林水库渔业养殖方式的转变经历了三个阶段：一是清理阶段。主要工作包括：①网箱养殖专项清理。历时三年，2.5万网箱全部清理到位。②库湾清理。县里专门成立库湾清理工作领导小组，主要部门牵头，相关部门和机构参与，沿湖各乡镇、工业园区、街道办为主体，按照谁主管、谁负责，属地管理的原则，加强督查和跟踪问责。目前，345座库湾已基本清理到位。二是整治阶段。开展了"九项"整治，其中在湖区开展渔业专项秩序治理，实行春季禁渔，严禁电鱼、炸鱼，严禁用药钓鱼，巩固网箱、库湾清理成果，严禁用粪肥、化肥养鱼，推行大水面清水养殖。通过湖区整治，庐山西海水质有明显好转。三是开发阶段。主要包括三项工作：①编制《庐山西海（武宁辖区）生态渔业发展规划（2013—2020）》。②成立国有独资江西山水武宁渔业发展有限公司。该公司在取得33万亩水域滩涂养殖证书后，实施大水面清水渔业。③鱼苗投放和渔民安置。鱼苗投放由渔业公司完成。在渔民安置方面，出台了《庐山西海（武宁辖区）大水面统一开发养殖实施方案》，采取入股、就业和渔船网具收购等方式妥善安置渔民。截至2018年7月底，全县490名渔民，已安置316名渔民到公司就业，自然转产转业130

人左右，还有约 50 名渔民没有上岸。

（四）云山集团畜牧水产良种公司的稻田养甲鱼项目

江西云山集团畜牧水产良种公司主要种养产品包括水稻和甲鱼养殖等，是具有水稻种植和甲鱼养殖两方面经验的公司。公司稻田面积共有 2600 亩，其中稻田养甲鱼面积约 500 亩，在综合种养面积中，甲鱼休息的"荡"占水田面积近 10%，密度是 100 只/亩，有充分的活动空间。在这种养殖方式中，由于水稻种植不能用尿素和除草剂等，复合肥和农药的施用减少近 50%。由于甲鱼吃田里的螺丝以及公司用生物方法诱捕的蛾子等，投饲量减少。甲鱼的排泄物和残饵成为水稻田的有机肥料，提高了水稻的品质。受益于与江西省农科院的科技合作，公司选择的水稻品种与甲鱼生长周期基本吻合，实现最大限度的相互促进。由于该项目具有生态经济效益，获得来自各级政府的大量资金支持。

三　山东省烟台水产养殖业绿色发展的案例

烟台市推进水产健康养殖的主要方式之一是大力发展工厂化养殖，特别是全封闭循环水养殖模式。目前工厂化循环水养殖面积达到 35 万平方米，约占烟台市工厂化养殖面积的 10%，存养各类名贵海水鱼 2000 万尾。循环水养殖降低了对水的消耗，避免了养殖废水对环境的压力，便于更合理的养殖密度、温度、溶氧量和氨氮指标的保持，并能缩短养殖周期，控制产品上市时间，获得更好的经济效益。

（一）明波水产有限公司高端工厂化循环水养殖

明波水产有限公司是以名贵海水鱼类育苗、养成为主的高新技术企业，产品获得无公害农产品、产地双认证，是全国现代渔业种业示范场、农业部水产健康养殖示范场、山东省循环水养殖示范工程技术研究中心，也是全国最大的循环水养殖企业之一，目前达到5万平方米。公司工厂化循环水养殖的特点是：①养殖物联网管控中心实现智能化监控生产过程，能实时监测，并配有自主投饵机、分级栅和疾病远程诊断系统。②水的循环利用。循环水处理系统主要用于降低氨氮、去亚硝酸和补氧。其设备工作流程包括固液分离、气浮分类和生物净化三部分，处理后可循环使用，省水省电，养殖废水通过统一的排水管道，经处理后排出，可达到一类养殖标准。③循环水处理系统注重自主研发和创新，同时对外提供产业示范与技术支持，如循环水高端养殖系统设计方案和成套化高端养殖设备及安装服务，陆海接力养殖全套系统设计方案和循环水与陆海接力高效养殖运行技术支持等。政府主要是通过支持研发和资金补贴来支持企业发展。如山东省海洋渔业厅2010年之后提出的"优质鱼养殖项目"，补贴成本的30%—40%。其缺点是设备成本较高，还会产生不低的运营费用。

（二）明波深水网箱养殖和海洋牧场建设

适宜养殖的水面减少，陆基面积日益紧张，因此养殖也正转向深海。烟台深水网箱总数达到1400个，网箱养殖设备还在不断升级中。

深海网箱养殖的优势是：①立体化养殖，底栖类鱼类可养在下部，上游养游泳类鱼类。②养殖密度小，不用投饵。③养殖规模大，并可用大型养殖设备，如活鱼采集投饵机，相当于70—80个网箱水体。④技术先进，并可以替代不断上涨的人工费用。⑤减轻近海养殖压力。

"明波模式"集陆基工厂化的恒温优势和海上深水网箱养殖的净水优势于一体，建成深水网箱220个，实现了"陆海接力"全天候育养和提质增效，打破了莱州湾深水养殖不发达的状况，是烟台市生态高效养殖的典型，被山东省确定为"海上粮仓"建设水产养殖业典型模式，在全省推广。

海洋牧场项目主要进行人工鱼礁区、海藻场、底播增殖区的建设。如宗哲养殖有限公司，用海面积为65公顷，造礁6万余方，移植藻类200万株，放流恋礁性鱼类130余万尾。人工鱼礁和海藻场为海洋生物提供了良好的栖息场所，辐射优化了周边海区养殖环境，海洋生物资源量明显增加，大大地提高了渔民收入，同时还带动了其他产业发展，增收效果显著，也是国家鼓励的发展方式。

（三）朱旺村水产养殖合作社低端工厂化循环水养殖

朱旺村水产养殖合作社利用不同水生物对水质的不同要求，以及水生物之间的食物链关系，将海水进行两次利用。该村现有435个大棚，约212户村民在做水产养殖，168户入社，主要养殖品种是多宝鱼和海参。其养殖的特点是：抽入池塘的海水先养多宝鱼，再养海参。这是因为多宝鱼的粪便是海参的食物，同时海参对水质的要求低于多宝鱼，养完多宝鱼的水可以养海参。但是最终的废水直接排入地沟。

第四节　案例的成功经验及对策建议

基于上述典型案例的分析，剖析案例的成功经验，并提出实现水产养殖业绿色发展的对策建议。

一　案例的成功经验

通过上述案例的分析，可以分析总结出如下水产养殖业绿色发展成功经验及未来发展趋势。

（一）不同养殖方式、水域和养殖品种需要不同的政策环境

从政策角度看，水产养殖业的生态支持政策主要依靠管制和财政手段。具体地，在可养水域，可以分为限制发展、稳定发展和鼓励发展三类政策支持框架。

1. 限养政策

在养殖方式上，表现为对天然大水面集约养殖的限制。根据农业农村部的《规范》要求，过密的近海网箱养殖和湖泊水库网箱围栏养殖将被调减。目前全国几乎所有省份都在严格执行该政策。很多地方的大水面养殖政策支持表现在鼓励人放天养、清水养殖。其次，是对污染较大的养殖品种集约养殖的限制。如浙江湖州对商品龟鳖温室大棚的整治。各地的主要政策基本是清理和补偿相结合。

2. 稳定发展政策

它主要表现在池塘养殖上，农业农村部在《规范》中提出要稳定海水池塘和淡水池塘养殖。主要政策是支持池塘标准化改造和养

殖的尾水处理设施建设。传统的池塘养殖标准化改造更多考虑的是提高池塘的水容量、减少鱼病发病率和提高产量，但是现在主要面临池塘养殖尾水处理及池塘养殖密度控制、饲料和用药管控等问题。如浙江，对连片池塘养殖，要求其必须拿出一定面积的水面建设"沉淀池+曝气池+生态池"，做尾水净化处理。

3. 积极鼓励政策

其主要是鼓励生态健康养殖方式。近几年养殖模式日益多样化，如稻渔综合种养、工厂化循环水养殖、跑道渔业、海洋牧场和深水网箱养殖等，是政策积极鼓励发展的重要绿色发展模式。主要通过水产健康养殖示范场和示范县创建活动等，对达标者给予资金补贴。

同时，值得关注的是，随着先进技术的运用，一些可能被摒弃的养殖方式又焕发出新的生机。如大水面生态网箱养殖模式的出现，这需要我们给予积极的关注，并及时调整相关政策。

（二）水产养殖业绿色发展养殖趋势及分析

一是水库湖泊等的大水面养殖受到制约。大水面水产养殖因河、湖、库区的水产养殖和捕捞采取的禁限养政策，受到极大冲击，"三网"养殖已经或将受到空前挤压。然而，藻类、滤食性贝类、滤食性鱼类以及草食性鱼类等养殖生物具有显著的碳汇功能，它们的养殖活动直接或间接地大量使用了水体中的碳，明显提高了水域生态系统吸收大气中二氧化碳的能力，同时发展中的生态网箱养殖也应该得到关注，"一禁了之"的政策过于简单和片面。

二是池塘养殖将成为天然水面的主要养殖方式。对池塘养殖而言，如何有效加强养殖密度、饲料投放、防治鱼病用药和尾水排放等诸多问题的管控，是未来政策的努力方向。浙江安吉水产养殖业的尾水处理和对污染较大的养殖品种的控制政策值得借鉴。此外，养殖废水排放在国家和地方层面均尚未纳入监管。

三是工厂化养殖、海洋牧场、深水网箱养殖等将是未来渔业绿色发展的重要方式和发展方向。这些生态养殖方式具有集约化、资源节约和环境友好的特点，是可持续发展方式和低碳渔业。但是，由于这些养殖方式或者具有高科技资本集约型的特点，或者具有大规模产业化的特点，对养殖企业和个人的素质及资本能力要求较高，普通的养殖户较难参与其中。

四是稻渔综合种养已经成为各省渔业转方式调结构的重要抓手。稻田养殖是中国水产养殖新的经济增长点，其推广也是有条件的，不仅要求稻鱼生长周期匹配，而且要求产业发展具有一定规模，同时需要既懂农业种植又懂水产养殖的技术和管理人才，所以要在条件合适的地区推广。要明确"稻鱼共生"是以稻为主还是以"鱼"为主。显然，粮食生产应该是主体，水产养殖作为共生产业。除了技术方面的考虑外，还要思考的是如何树立生态产品的品牌标签以获取市场认可。由于不施用或减量施用化肥农药，稻渔综合种养产量相对会降低。在这种情况下，只有其生态产品标签获得市场识别和认可，获得更高售价和收益，才有可能发挥更好的示范效应。

五是盐碱水养殖未来具有巨大的发展潜力。中国盐碱水水域较多，很多盐碱湖泊处于荒漠化状态。水产养殖业可利用水域空间日益减小而水产品市场需求不断增加的情况下，把盐碱水面利用起来对拓宽渔业养殖生存空间具有非常重要的意义。

（三）水产养殖业绿色发展成功的条件

以湖州为例，良好的水产养殖业绿色发展需要如下支持条件。

1. 针对性的顶层设计和组织实施机构

湖州连续多年出台多项现代渔业绿色发展行动计划和实施方案，明确区域内发展重点，推广标准化生态养殖绿色发展模式。并特别发布《湖州市大力推进稻渔综合种养实施方案（2019—2021年）》指导相关工作。为推动实施，湖州自上而下设置了相关组织和工作机构。

2. 养殖尾水治理长效运维体系

养殖业绿色发展面临的主要问题就是尾水达标排放。湖州以"禁、限、转、治"分类推进全域治理，并出台《湖州市水产养殖尾水治理实施方案》明确主体责任、治理模式、验收考核、运行管护等要求。针对池塘养殖尾水排放治理标准和工艺问题，出台《湖州市淡水池塘养殖尾水排放要求》和《湖州市淡水池塘养殖尾水处理工艺》，并提出高于部委的排放标准。

3. 政策和资金保障

总体上，生态健康养殖需要政府的重视和推动。生态健康养殖示范是现在的一种重要的推进绿色渔业发展的手段。水产养殖业绿色发展在政策上有着越来越多的强制性，这种强制性若没有资金支持，要么流于形式，要么会导致企业经营困难。湖州2018年成立强农基金和乡村振兴基金，重点支持渔业绿色发展。其出台《湖州市支持渔业绿色发展十条政策意见》对渔业平台、示范园区、稻渔综合种养和种业发展等方向进行重点支持。市、区、县各级财政都有专项资金扶持渔业绿色发展。

4. 严格的监督检查

湖州将渔业绿色发展工作纳入区县综合考核、部门年度考核和"三农"考核评价体系，以清单制的形式明确时间表、任务书和责任人，并保持考核常态化。并通过定期推出《渔业绿色发展专题简报》推动落实。

5. 强调要兼顾提质和增效

鼓励产业融合发展、实施渔业品牌战略、注重制度创新和技术创新。从企业角度看，做得最好的企业通常会更加重视产学研融合及渔业科技创新服务平台建设，更注重绿色生态型等生产模式和实用技术的集成创新和推广。

二 推动水产养殖业绿色发展的对策建议

（一）科学制订水面利用规划，发展绿色水产养殖业

当前大水面养殖限制及相关限养规定要谨慎推进，科学制订合理的水面利用规划和妥善的安置方案。在保证水域生态环境和自然资源不被破坏的前提下，适度发展大水面碳汇渔业，科学合理开发利用大水面周围的低洼地、滩涂及库湾等资源。对一般湖泊水库，允许利用其一定比例的水面，如整个水面的5%—10%，以及规定可养品种。对被要求退出的水产养殖，一定要制订完备的安置方案。政策变化将影响很多人的生计。事实上，任何的禁限养整治方案，

都应该有完善的保障、激励和惩罚机制。

（二）创新制度和生产方式，发展生态友好型养殖业

①在密度控制方面，建议建立养殖水域的容纳量评估制度，作为水产养殖业制定发展规划和养殖管理的依据。②建立健全水产养殖标准体系和法律体系，如水产养殖清洁生产技术操作规程和监测体系，基于渔业兽医、兽药管理的水产养殖用药规范，以及鲜活水产品质量可追溯制度和安全监测网络体系等。③加强养殖尾水排放标准研究，根据其排放特点做出有针对性的达标排放和监督管理规定。④池塘标准化改造方面，增加水质净化方案。如对集中连片的养殖水面，拿出2%—10%的面积，进行排水的生物净化；或者建设尾水处理设施，国家对相关建设投资给予一定补贴。⑤加强资本密集型生态养殖新模式的技术和经济可行性研究。⑥总结探索大水面生态网箱养殖的可行性。

（三）实施绿色水产养殖业示范，提升辐射带动作用

从绿色水产养殖业发展过程中，在开展健康养殖示范创建活动的同时，构建示范项目合作交流机制，尤其是东西部地区交流机制。一方面，继续高标准高质量地推进水产健康养殖示范场和示范县创建；另一方面，要充分发挥示范场的辐射带动作用，实现更大范围内的养殖场、合作社的健康养殖。当前已经存在很多地区内和地区间的交流与合作机制，其中国家技术推广体系、网站、会议、媒体等各种渠道的沟通平台发挥了积极作用，可以充分利用这些平台，将发达地区好的生态健康养殖模式推广至欠发达地区。

（四）强化科技创新和技术推广，提升对绿色水产养殖业的支撑

目前出现的生态养殖主要模式都具有科技含量高或技术要求高的特点，因此推进绿色渔业，政府要给予科技方面的人才、设备和政策支持，并借助有效的技术推广体系将其尽快转化为生产力。要集聚科研资源，针对渔业生产中的关键问题开展技术攻关。在科技培训中，强化生态养殖政策、技术方面的宣传和指导，增强渔民生产安全用药法律意识。同时，技术培训和推广工作下沉到田间地头。

（五）推进智慧渔业建设和设施渔业装备升级，提升绿色水产养殖业发展水平

现代化设施渔业、现代智能技术正在浸入渔业生产全过程，体现出低碳绿色高效等特点。应顺应形势，设立研发专项，加大水产养殖设施机械化、自动化和信息化研发的科技投入。通过政策支持和财政补贴，加快养殖环境精准化调控以及节水、循环、减排养殖模式的研究和运用，重点发展绿色健康养殖模式所需的养殖设备。开展智慧渔业生产服务，加快智慧渔业、物联网等现代化信息技术在水产养殖中的应用与示范。

（六）加快生态养殖的品牌建设，提高产品的附加值

引导龙头企业形成企业联盟，渔业协会、合作社引导会员抱团发展，共同闯市场。通过高标准的水产品牌营销中心和消费者体验店、观光农业等方式，推广带有地域识别特征的生态产品。通过物联网和互联网扩大生态产品品牌在市场中的影响力等，提高生态产

品市场的认知度和占有率。

（七）加强水产养殖环保监测能力与执法监督能力建设

加强中国渔业生态环境监测体系建设，不仅要建立全国的渔业生态环境监测网络，保障先进的监测仪器设备和试验基础设施建设，还要加强渔业生态环境监测网络和机构中人员的能力建设，适应不断变化的养殖水环境监测技术要求。同时，在有充分执法依据的基础上，加快建立水产养殖业环保执法工作机制。针对养殖证、水产苗种生产许可证、养殖投入品、渔业水质、排水水质、水产品质量等，提高执法监督力度。同时，加强执法人员的能力培训，建立相关监督和绩效考核机制。

第八章　农业绿色发展的路径选择及政策建议

本章基于农业绿色发展的重点任务，从农业生产绿色化、农业产地环境管护、绿色生产组织建设、绿色生产投入保障制度、农产品供给能力等方面，指明农业绿色发展的路径选择。围绕农业绿色生产体系完善、绿色产业转型升级、农产品绿色供应链管理、农业生态产品价值提升，提出关于实现农业绿色发展的政策建议。

第一节　农业绿色发展的重点任务

以绿色发展为导向，推动农业步入绿色发展道路，需要转变农业发展方式，实行农业资源保护与高效利用，开展农业生产环境治理，培育农业生态产业，强化农产品质量安全，确保完成农业绿色发展的重点任务。

一　农业资源保护与高效利用

水土资源是最基本的农业生产要素，其关系到农业经济增长和农产品安全。合理配置水土资源，确保农业水土资源的数量与质量，将可以充分发挥区域资源优势，优化空间布局。

（一）持续提高农业水资源利用效率

继续实施农业水资源红线管理，确立农业水资源开发利用控制红线。加强农业取水许可管理，完善省、市、县三级行政区域农业用水总量和用水强度控制指标体系。建立农业用水定额体系，明确节水标准，强化节约高效用水，统筹推进工程节水、农作物节水等，保障农业用水安全。推进农业水价综合改革，建立节水激励机制。分区域规模化推进高效节水灌溉，加快农业高效节水体系建设，推广高效节水农业模式。加大粮食主产区、严重缺水区和生态脆弱地区的节水灌溉工程建设力度，以粮食生产功能区和重要农产品生产保护区为重点，完成高效节水灌溉建设任务，使节水真正落地，促进农业节水增效。加强现有大中型灌区骨干工程续建配套节水改造和小型农田水利工程建设，完善农田灌排基础设施，增强农业抗旱能力和综合生产能力。

（二）优化耕地资源利用结构

坚持耕地数量、质量、生态"三位一体"保护，推进耕地质量保护与提升行动的开展。全国耕地质量状况得到阶段性改善，耕地土壤酸化、盐渍化、养分失衡、耕层变浅等问题得到有效遏制，土壤生物群系逐步恢复，提高农业生产支撑能力。各地区根据耕地质量状况，合理调整农业生产布局，优化耕地利用结构，缓解资源环境压力，改良土壤，培肥地力，加强退化耕地修复，提升农产品质量安全水平。将耕地质量保护与提升作为完成高标准农田建设任务的重要内容，与高标准农田建设项目同规划、同设计、同建设、同考核。在高标准农田建设项目区，综合采取改良土壤、培肥地力、保水保肥、控污修复等措施，平衡土壤养分，实现用地与养地结合。推广保护性耕作，打破犁底层，加深耕作层，增强耕地保水保肥能力。推进耕地轮作，降低耕地利用强度。按照《耕地质量等级》要求，对高标准农田建设项目区耕地质量进行监测评价，确保措施覆盖面积达到90%以上，提升耕地质量等级。

（三）有效降低水土流失强度

加大水土流失综合治理力度，持续扩大水土保持工程的建设规模和覆盖范围，逐年减少水土流失面积，持续降低水土流失强度。突出水土保持监管，坚决遏制人为水土流失，提高水土流失治理率。加强自然生态修复，增加植被覆盖面积，改善受损农业生态系统的结构和功能。以长江中上游、黄河上中游、东北黑土区、西南岩溶区等水土流失严重区域为重点，以小流域为单元，实施国家水土保持重点工程。以长江经济带为重点，在中西部地区实施坡耕地水土流失综合治理工程。以东北黑土区、西北黄土高原区为重点，开展沟道侵蚀治理和塬面保护。在东部适宜地区、中西部城市周边和重要水源地，推行具有典型示范作用的生态清洁小流域建设。

（四）严格消减耕地土壤污染负荷

全面开展耕地土壤污染防治，以耕地为重点，划分为优先保护类、安全利用类、严格管控类，分别采取相应的管理措施，严格管控重度污染耕地，确保耕地重度污染面积不扩大。治理修复受污染耕地，遏制耕地土壤污染加重趋势，耕地土壤环境安全得到基本保障，土壤环境风险得到基本管控。加强对严格管控类耕地的用途管理，划定特定农产品禁止生产区域。对威胁地下水、饮用水水源安全的耕地利用，有关县（市、区）要制订耕地土壤环境风险管控方案，并落实相关措施。将严格管控类耕地纳入国家新一轮退耕还林还草实施范围，制订实施重度污染耕地种植结构调整或退耕还林还草计划。强化耕地土壤污染管控与修复，继续开展重金属污染耕地修复及农作物种植结构调整试点。

二 农业生产环境治理

中国农业生产方式产生的面源污染给农村环境带来严重的外部影响，加剧土壤和水体污染风险，农业面源污染已成为农村地区环境污染的主要来源。这就需要推进农业投入品减量施用，全面控制生产过程，有效控制农业面源污染，改善农业生产环境，确保农产品产地环境安全。

实行农产品标准化生产，推广统防统治、绿色防控技术，继续实施化肥、农药施用量负增长行动，提升化肥和农药利用率，规范化肥、农药、兽药、饲料及饲料添加剂等农业投入品市场秩序。探索政府购买服务的有效模式，采取向有机肥生产企业、专业合作组织购买服务等方式，加快有机肥替代推广（包晓斌，2019）。发挥种粮大户、家庭农场和专业合作社等新型农业经营主体的示范作用，改进机械施肥方式，推进实施有机肥替代化肥行动。在水肥条件较好的连片产区或新建园区，在增施有机肥的同时，促进"有机肥+水肥一体化"模式的示范推广，提升设施农业肥料施用水平。注重农药施用安全间隔期，使农产品农药残留控制在安全范围内，实施农作物病虫害科学防控和绿色防治，提升专业化统防统治社会化服务水平。

三 农业生态产业培育

建立农业产业准入负面清单制度，依据资源承载力和持续集约利用红线，因地制宜制定禁止和限制发展产业目录，控制种养业发展规模和强度，明确种植业、养殖业发展方向和开发强度，强化准入管理和底线约束。以现代农业示范区和现代农业产业园为重点，将农田建设与养殖场建设相结合，发展生态循环农业，支持种植养殖结合型循环农业试点和生态循环养殖场建设。推行种养结合农牧循环生产，培育种植业—秸秆—畜禽养殖—粪便—沼肥还田、养殖业—畜禽粪便—沼渣和沼液—种植业及稻渔综合种养等生态产业模式。按照环境承载容量，合理布局畜禽养殖场。推行渔业健康生态养殖模式，合理确定湖泊、水库、滩涂等养殖规模和养殖密度。推动循环产业链延伸和产业、产品与业态创新，发展休闲农业和乡村旅游，构建粮、菜、果、茶、畜、加工、能源、物流、旅游、信息一体化和第一、第二、第三产业联动发展的现代绿色复合型产业体系（包晓斌，2021）。

四　农产品质量安全保障

保障农产品质量安全是中国农业供给侧结构性改革的必然要求，可以有效地缓解资源环境压力，满足公众的消费需求。加强农产品质量安全管理，需要健全农产品产地准出和市场准入制度，推进农产品质量安全标准化建设，构建农产品质量安全可追溯体系，鼓励农产品质量安全认证，提升农产品质量安全水平，实现从"田间到餐桌"的安全。

推进农产品质量安全标准化建设，对现有的各类标准进行梳理，删除重复和交叉的标准，修改不合理的条款。同时，在各标准中添加补充一些约束性内容，遏制不合格的农产品流出产地。提高农产品检验检测标准，扩大检测范围、检测种类。建立农产品产地准出和市场准入衔接制度，规范农产品市场秩序，加强农产品批发、零售过程中的检测检验。市场监管部门建立生产经营主体台账，生产经营主体完善农产品采购销售台账。建设优质农产品生产基地，创建全国绿色原料标准化生产基地（许秀川等，2022）。健全农产品监管手段，农业、卫生、环境、质检、市场监督等部门共同联合，提高监管效率。加强农产品市场监测预警，完善农产品质量安全应急管理机制，制订区域应急预案，执行应急处置程序，压实各级主体风险防治责任。

第二节　农业绿色发展的路径选择

为实现资源节约、环境友好、产品安全、产出高效的农业绿色发展目标，应转变农业发展方式，优化产业发展布局，持续改善产地环境，保护利用农业资源，提升生态服务功能，将绿色发展导向贯穿农业发展全过程，推动形成绿色生产方式和生活方式，构建与资源环境承载力相匹配的农业发展格局。

一　全面落实农业生产绿色化

推行农业绿色生产方式，制定与产地环境、投入品、产中产后安全控制、作业机械和工程设施、农产品质量等相关的农业技术标准。建立农产品生产管理规章制度，制定农产品生产技术操作规程，完善农业生产标准体系。选育推广绿色优质、广适多抗、适宜全程机械化的作物品种，推进农业生产投入品减量化，节约化肥、农药、饲料等投入品。

合理调整施肥结构，优化配置肥料资源，推广测土配方施肥，鼓励施用有机肥、生物肥料和绿肥等。推广高效低毒低残留农药、生物农药和先进施药机械，实行病虫害统防统治和绿色防控。推进废旧农膜、农药包装物等回收利用，建立农业投入品田间废弃物回收利用机制。在农业废弃物收储环节，实施"谁生产，谁回收"的责任延伸制度和"谁收储，补偿谁"的扶持政策。在废弃物加工利用环节，实施按量补贴的制度。引导各类主体参与废旧农膜的回收利用，使用可降解地膜。对农药包装物进行合理的回收处置，减少农药残留。开展秸秆全量处理利用，合理设置秸秆机械化还田与收储利用的比例，鼓励配备秸秆粉碎还田、捡拾打捆设备，提高机械化收储水平。拓展秸秆综合利用渠道，引导各类主体开展秸秆肥料化、能源化、饲料化、基料化和原料化利用。加强畜禽养殖废弃物资源化利用，建立畜禽粪污收储利用体系，探索开展畜禽粪污的分散储存、统一运输和集中处理，推广商品化有机肥生产技术，鼓励以畜禽粪便为原料发展沼气工程，并结合种植业生产需求对沼渣沼液等附加产品进行循环利用（于法稳，2018）。科学配制饲料，提高饲料利用效率，规范饲料添加剂使用，减量使用兽用抗菌药物。加强饲用抗生素替代品的研发使用，减少饲用抗生素用量。

二　构建农业产地环境管护机制

加强农业产地环境保护，防控工业和城镇污染向农业转移，禁止未经处理达标的工业和城镇污染物进入农田、养殖区。采用优先保护、安全利用和严格管控措施，切断污染物进入农田的链条。开展农产品产地环境与对应农产品质量安全协同监测，提升面源污染源头控制能力。健全投入品管理制度、农产品生产记录档案制度、农产品日常巡查检查制度，加强农业各生产环节的监管，对农民专业合作社、龙头企业等进行监督检查，建立农产品产地环境监测预警机制。

深入开展农业产地环境专项整治行动，对农产品生产流程开展精细化管理，严格执行农业投入品登记许可证制度。规范生产投入品供应、使用和废弃物处理，净化农产品市场环境。以蔬菜、水果、茶叶、中药材等生产基地为重点，加强化肥和农药施用管理，创新化肥、农药施用方式，鼓励新型农业经营主体施用有机肥和低毒低残留农药（马文奇等，2020）。以种子、肥料、农药、兽药、饲料和饲料添加剂等产品为重点，开展农资打假专项治理行动，严厉打击制售伪劣农资违法行为。

三 加强农业绿色生产组织建设

推进农业绿色生产网格化监管，建立健全市、县、乡、村四级联动的农业绿色生产监管系统，在乡镇农技推广机构增加农业绿色生产监管职责，提高基层监管能力，形成农业绿色生产监管的长效机制。建立农业投入品质量常态化监测制度，定期对主要生产基地、交易市场的投入品抽查、检测和监督。加强对农业投入品市场准入管理，完善生产经营主体监管名录制度，健全生产经营诚信档案。推进农资连锁经营和配送，畅通经营渠道。加强农业投入品施用技术指导，建设农业投入品监管信息平台，将全部农业投入品纳入平台管理。在现有农机合作社、病虫害统防统治组织的基础上，培育农业绿色生产服务组织，鼓励新型治理主体开展有机肥生产、病虫害统防统治、农用薄膜回收利用、农作物秸秆回收加工、畜禽养殖粪污无害化处理等服务。

四 完善农业绿色生产投入机制

政府应将农业绿色生产经费列入地区财政预算，增加农业绿生产投入。强化各级政府主体责任，落实属地管理、职责关联制度，把农业绿色生产列入年度目标责任考核，对各项具体任务的落实情况进行绩效评价。针对化肥、农药和农用薄膜等一系列农资产品，应加大绿色环保技术的研发和应用投入，加快推行测土配方精准施肥、高效植保机械、绿色防控等技术，杜绝低质化学投入品流入市场（于法稳，2021）。设立农业绿色发展行动专项基金，增加对有机肥、生物农药、农用薄膜回收、秸秆资源化利用、耕地质量提升等方面的补偿和奖励。完善金融服务体系，引导银行加大对农业绿色发展的信贷支持力度，采用政府和社会资本合作模式等，鼓励引导民间资本、社会资本投入绿色农业建设。推进多种形式的植保专业化、社会化服务，扩大专业服务组织作业量，开展全程植保一体化服务。针对当前农民种植技术问题，开展专业化现代种植技术培训，提高科学种植水平。

五　提升生态农产品的供给能力

落实国家绿色农产品市场准入制度，推进绿色农产品、有机农产品的产地认定与产品认证，完善农产品质量认证体系，增加绿色农产品供给。在产业源头上转变农产品供给模式，吸引更多主体参与绿色农产品开发，培育绿色农产品市场供给主体，充分发挥政府主导调控、市场调节、社会支撑作用。培育"生态+"新型业态，扩建绿色有机食品生产基地，增强绿色农产品的营销潜能。鼓励绿色农产品受益地区到绿色农产品供给地区发展生态产业，成立产业合作园区，形成与供给地资源环境相协调的生态产业集群（高鸣等，2022）。建立绿色农产品标准、绿色认证和标识体系，支持企业生产节能环保、循环低碳、再生有机等绿色农产品，培育具有较强竞争力的特色优质生态精品。实施农业绿色品牌战略，培育具有区域优势特色和市场竞争力的绿色农产品区域品牌、企业品牌和产品品牌。

第三节　实现农业绿色发展的政策建议

推进农业绿色发展，必须实行科学顶层设计，着力解决农业资源短缺、农业面源污染、农业生态系统退化、农产品质量安全等问题，夯实农业绿色发展的生态基础。正确处理农业绿色发展和生态环境保护、粮食安全、农民增收的关系，实现保供给、保收入、保生态的协调统一，注重资源保护和节约利用，加强产业环境保护与治理，健全农业绿色发展的体制机制。

一　提高农业要素生产效率，健全农业绿色生产体系

以绿色发展理念引领农业生产，避免将农业生产与生态环境保护对立起来，使绿色生态导向贯穿于农业生产全过程。推行农业绿色生产方式，开展农业要素提挡升级和优化配置，提高农业绿色全要素生产率，强化农业绿色发展的科技支撑，完善农业绿色发展的支持政策。

（一）完善农业绿色生产标准

完善国家和地方农业绿色生产标准，涉及从农业生产源头、农

业生产过程到农业废弃物资源化利用，增补一些与农业生态环境相关的标准，规范农业绿色防控、清洁化生产等技术操作规程。制定农业绿色投入品的生产技术标准和相关的检验检疫标准，构建有机肥、液体肥、生物农药和饲料产品等标准体系，规范废弃物资源化利用产品市场。加强基层农业绿色生产网格化管理，严格检验农业投入品施用状况，检查生产环境、卫生条件等，确保从农业生产资料的供给到农业生产全过程均能达到绿色标准（刘朋虎等，2021）。加大财政专项资金对农业绿色生产标准体系建设的投入力度，建设农业绿色生产标准化基地，鼓励龙头企业参与标准化建设，提升产业绿色安全水平。

（二）推动农业绿色生产科技创新

优化农业生产要素，加强农业绿色生产技术研发与推广，以控肥控药、作物育种、绿色植保、新型肥药、废弃物资源化利用、产地生态修复等为重点，开展农业绿色生产科研攻关。推动高校、科研院所、企业等单位共同组建绿色农业科技创新联盟，在农业投入品减量化、过程清洁化、废弃物资源化的生产技术上进行集成研究和示范推广。加强农业绿色生产的物资装备改进，研制适合农业绿色生产的机械装备。围绕农业绿色生产，加大科技创新资金投入，发挥科研单位和企业等各类主体作用，加强农技推广体系建设，推进科研成果转化。

（三）落实农业绿色生产的支持政策

加强农业绿色生产监管，明确生产经营者责任，通过市场引导和政府支持，调动农民和企业参与农业绿色生产的积极性。制定有机农业用地和绿色农业用地的认定标准及保护政策，对有机农业用地和绿色农业用地实施最严格的永久保护措施，鼓励支持有机农业、绿色农业的从业者进行用地专项登记，推动实现有机农业资源和绿色农业资源有偿使用，全面激活农业绿色发展的内生动力。执行农业绿色生产补贴制度，实施绿色金融激励机制，完善农业绿色生产信贷政策，加强金融产品创新应用，充分发挥农业信贷担保公司和农业保险产品对农业绿色生产的促进作用。

二 优化农业生产空间布局，推动绿色产业转型升级

深化农业产业变革，调整种植业和养殖业结构，推行种养结合，加强生态循环农业建设。拓展农业产业向第二、第三产业延伸，开发农业多种功能，发挥生态资源优势，培育新产业新业态，推进农业与旅游、教育、文化、康养等产业深度融合，构建农业绿色发展产业链价值链，提升农业的综合价值。

（一）统筹安排农业生产布局

落实农业功能区制度，开展粮食生产功能区、重要农产品生产功能区建设。合理制订产业规划，形成市场需求与资源稀缺程度相匹配的农业生产布局，将农业增产导向转变为提质导向，推动农业功能区绿色发展。按照优势发展区、适度发展区、保护发展区的布局，引导农业发展向优势区聚集，减轻非优势区发展农业的压力，化解空间布局上资源错配和供给错位的结构性矛盾。强化资源环境管控，制定禁止和限制发展产业名录，控制种植业和养殖业发展规模和强度。构建农业循环利用机制，

探索粮经饲统筹、种养加结合、农牧渔融合的发展模式（李学敏等，2020）。

（二）培育绿色优势产业

立足区域资源禀赋和区位比较优势，坚持保护生态优先，发展优势产业，推进国家级特色农产品优势区创建，支持各地区创建特色农产品优势区。开展生态产业园，田园综合体，农村第一、第二、第三产业融合发展先导区，现代农业庄园和特色小镇等示范创建，推进休闲农业和乡村生态旅游发展。强化传统农业产业升级，形成以家庭农场、种粮大户为基础，龙头企业带动的种植养殖产业联合体。突出绿色生态导向，提升农业产业结构的绿色化水平。将区域生态优势转化为产业优势和经济优势，培育新兴绿色产业，推进农业生态产业化和产业生态化。

（三）合理调整种植业和养殖业结构

扩大专用优质稻谷、小麦、玉米种植面积，提高谷物优势产能，扩大粮豆轮作种植方式，增加杂粮杂豆、优质饲草料等种植面积。改善养殖生态环境，合理划定禁养区，适度调减水网地区养殖总量。推进生猪养殖标准化，引导养猪产能向粮食主产区、环境容量大的地区转移。扩大现代化牧场示范场地，振兴现代奶业，扩大奶业品牌的市场影响力。推进水产健康养殖，合理确定湖泊、水库、滩涂等养殖规模和养殖密度，减少河流和湖库的投饵网箱养殖，防控水产养殖污染。开展循环用水养殖，推广稻虾、稻鱼种养方法，建设现代化海洋牧场。

三 加强农产品绿色供应链管理，增加优质农产品供给

农产品绿色供应链以环境友好、产品安全和产出高效为目标，在农产品的整个供应过程中采取严格的环境保护措施，促进供应链自身各环节及其与外部环境的协同。实行农产品绿色供应链闭环管理，可以最大限度地降低整个供应链的资源消耗和环境风险，以更高标准对农产品进行质量安全认证，提高优质农产品供给水平。

（一）明确农产品绿色供应链节点的环境保护要求

在农产品生产、加工、仓储、运输、销售等环节中，最大限度地降低对生态环境造成的负面影响。农产品生产者在采购和生产时不仅应考虑农作物种子、农药、化肥、塑料薄膜等相关农用物资的质量、数量及价格等，更应注重这些物资的环境友好程度。在农产品加工过程中，既要确保加工产品的质量，还要避免造成资源浪费和二次环境污染。在农产品运输过程中，需采用节能环保设施装备，实行绿色减量和循环利用包装，防止农产品腐坏变质，确保农产品的及时供应。在农产品销售过程中，应减少对加工流程烦琐、碳排放量较高的农产品销售，引导企业和居民绿色消费，为消费者提供质量安全、新鲜充足的农产品。加强农产品供应全过程资源节约利用，降低农业资源利用强度。针对农产品供应链节点中产生的废弃物和废水，应进行回收处理和循环利用，降低其对生态环境的影响程度。

（二）优化农产品绿色供应链结构

完善农产品绿色供应链的基础设施，统筹发展农产品初加工、

精深加工和副产物加工利用，倡导种养加、产供销一体化的现代农业发展模式，构建低碳绿色农业产业体系，推动农产品绿色供应链结构转变。开展名特优品种的培育和绿色农产品、有机农产品的基地建设，采取节地、节水、节肥、节药等措施，实现农业资源的高效利用。完善县、乡、村三级物流体系，创新农产品短链流通模式，建立网络发达的农产品物流配送中心，拓宽农产品流通渠道，提升集中采购和跨区域配送能力，推进产地市场和新型经营主体直接与超市、社区、学校等消费端对接（袁舒杨等，2020）。健全农产品冷链物流服务体系，加快建设农产品产区和消费区的冷链物流基础设施，配套分拣加工、冷藏冷冻、检验检疫和废弃物处理设施，降低农产品流通过程中相关设备设施的能耗物耗和污染排放。

（三）提高农产品绿色供应链的组织化程度

加强农产品绿色行业协会等社会组织建设，培育供应链中各主体之间的合作联盟关系，完善农产品绿色供应链网络。加大对绿色供应链中核心企业的扶持力度，以农产品加工业为重点，发展冷藏保鲜、原料处理、杀菌、储藏、分级、包装等延时类初加工，以及干制、腌制、熟制、分割、速冻等食品类初加工，推动种植业和养殖业前后端延伸、上下游拓展，提升农产品加工园区建设水平。有效组织和协调整个供应链上的所有利益相关者，并对其进行绩效考核。对于不实行绿色供应链管理的企业给予相应的惩戒处罚，对积极实行绿色供应链管理的涉农企业和销售商予以优惠奖励。引导上下游企业通过协议、股权等多种方式形成联合体，确保绿色供应链内部及其与政府、社会等外部环境的协同。

（四）推动农产品绿色供应链信息共享平台建设

构建农产品绿色供应链信息共享平台，注重供应链与电子商务相结合，完善农产品网络营销服务体系。加强农产品数字化信息建设，实行农产品生产档案登记制度，对产地环境、农业投入品施用、田间管理等信息进行记录和存档，并保证这些信息以后可查询，明确生产者对农产品质量的责任，促进供应链上下游企业有效沟通。统一公开发布农产品生产、加工、销售、库存等整个供应链中各节点的安全信息，包括重大农产品安全事件信息、农产品市场预报、农产品质量抽检结果等，改进农产品供应链节点的安全操作。构建农产品绿色供应链可追溯体系，开展农产品追溯系统认证（吕利平等，2020）。在不同产品形态下及物权转移中，可以实现农产品源头追溯、流向跟踪、信息存储和产品召回的目标。推行农产品质量认证、产品标签审定、标签信息查询等方式，完善农产品从农田到市场的追溯链条。

（五）强化农产品绿色供应链监管

加强对农产品绿色供应链的全程监管，实时监控供应链各节点的运行状态。将农业环境保护检查与农产品质量监督相结合，提高督查检验频率。推动农产品质量安全信用体系建设，落实生产经营主体诚信责任。加大对污染源头的惩处力度，对排污超标的企业加征高税，对供应假冒伪劣产品的企业加以惩罚。阻止违禁的劣质农业生产投入品进入生产资料市场，把不符合绿色生产要求的投入品从生产资料市场中清除。执行严格的绿色优质农产品产地准出和市场准入制度，约束供应链上各主体的行为符合行业规范，保证只有符合绿色质量标准的农产品进入消费市场。严格执行绿色农产品的认证制度，加强对通过绿色认证的农产品企业的监管，坚决阻击假冒、超期等违规使用绿色农产品标志的不法行为，维护绿色农产品市场的运营秩序。

四 实施农业生态补偿机制，促进农业生态产品价值实现

在碳达峰碳中和目标下，将农业生态产品培育成为绿色发展的新动能，是推动中国农业高质量发展的必然要求。这就需要健全农业生态产品产权制度，完善农业生态产品价值核算体系，拓展延伸农业生态产品产业链和价值链，为农业生态产品的供给者提供市场化补偿。

（一）深化落实农业生态产品产权制度改革

对各类农业生态产品的权属、位置、数量和质量等进行界定，明晰农业生态产品的产权归属，形成完整的使用权、收益权、处置权等产权体系，划定农业生态产品产权的使用权和所有权边界。开展农业生态产品信息普查，根据农业生态产品属性，制定区域目录清单，健全农业生态产品资产确权登记制度规范，有序推进统一确权登记。明确农业生态产品产权的行使主体及其责任和权益，实现农业生态产品所有权与使用权的分离，拓展使用权转让、租赁、抵押和入股等职能，促进农业生态产品产权的多层次市场化交易。

（二）完善农业生态产品价值核算体系

综合考虑农业生态产品的类型、生态保护与产品开发成本、市

场需求等因素，制定农业生态产品的核算方法和技术规范。建立覆盖各级行政区的农业生态产品核算制度，实行农业生态产品价值核算标准化。健全农业生态产品价值评价考核制度，探索将农业生态产品价值指标纳入农业高质量发展综合绩效评价，推进农业生态产品价值核算结果在政府决策和绩效考核评价中的应用。在以提供农业生态产品为主的重点生态功能区，重点考核农业生态产品供给能力、环境质量提升、生态保护效益等方面指标，对其他主体功能区实行经济发展和农业生态产品价值的双重考核。

（三）推进农业生态产品交易市场建设

建立农业生态产品市场交易中心，拓展农业生态产品流通渠道，降低农业生态产品交易成本，形成农业生态资源使用权的交易市场，打通资源变资产和资产变资本的通道。完善农业生态产品市场交易规制，明确规定农业生态产品的交易主体、交易流程、交易方式以及准入条件。建立体现市场供需关系的农业生态产品价格形成机制，为市场提供农业生态产品价格的基准。完善政府和社会资本合作模式，引导社会资本进入农业生态产品市场。

（四）构建农业生态补偿机制

构建纵向补偿与横向补偿相结合的农业生态补偿机制，实行农业生态产品存量、增量与资金分配相挂钩，综合考虑农业生态产品价值核算的绝对值和增加值，确定农业生态补偿标准。在农产品主产区和重点生态功能区，增加财政转移支付力度，严守生态保护红线，健全各类禁止开发区域的农业生态补偿政策（周颖等，2021）。针对生态保护成效显著地区进行财政补助和奖励，确保提供良好农业生态产品的地区获得应有的收益和补偿。对农业生态产品提供者给予补偿，激发其保护生态环境的积极性，同时也向投资于农业生态产品的相关企业给予政策优惠。在农业生态产品受益地区与生态保护地区、流域下游与上游地区，实行资金补偿、对口协作、产业转移、共建园区等。

参考文献

Chung, Y. H. , Fare, R. , Grosskopf, S. , "Productivity and Unde-sirable Outputs: A Directional Distance Function Approach", *Environ-mental Management*, Vol. 51 (3), 1997, pp. 229-240.

Tone, K. , "A Slacks-based Measure of Efficiency in Data Envelop-ment Analysis", *European Journal of Operational Research*, Vol. 130 (3), 2001, pp. 498-509.

Tone, K. , "A Slacks-based Measure of Super-efficiency in Data Envelopment Analysis", *European Journal of Operational Research*, Vol. 143 (1), 2002, pp. 32-41.

Tone, K. , "Dealing with Undesirable Outputs in DEA: A Slacks-based Measure (SBM) Approach", *GRIPS Research Report Series*, Vol. 8, 2004, pp. 44-45.

操建华、桑霏儿:《水产养殖业绿色发展理论、模式及评价方法的思考》,《生态经济》2020 年第 8 期。

操建华:《水产养殖业的绿色发展模式与生态支持政策案例研

究——以江西、烟台和安吉为例》，《农村经济》2018 年第 5 期。

操建华：《水产养殖业自身污染现状及其治理对策》，《社会科学家》2018 年第 2 期。

曾健民：《论中国绿色产业的发展》，《江汉论坛》2002 年第 10 期。

陈锡文：《新阶段要深化对农业是国民经济基础的认识》，《理论前沿》2002 年第 14 期。

戴星翼、俞厚未、董梅：《生态服务的价值实现》，科学出版社 2005 年版。

段应碧：《要坚定不移地加强农业的基础地位》，《求是》1997 年第 23 期。

高鸣、宋洪远：《中国农业碳排放绩效的空间收敛与分异——基于 Malmquist-luenberger 指数与空间计量的实证分析》，《经济地理》2015 年第 4 期。

国务院办公厅：《关于促进畜牧业高质量发展的意见》（国办发〔2020〕31 号），中华人民共和国政府网，http：//www. gov. cn/zhengce/content/2020-09/27/content_ 5547612. htm.

侯彦林、周永娟、李红英、赵慧明：《中国农田氮面源污染研究：污染类型区划和分省污染现状分析》，《农业环境科学学报》2008 年第 4 期。

胡晓琳：《中国省际环境全要素生产率测算、收敛及其影响因素研究》，博士学位论文，江西财经大学，2016 年。

黄守宏：《论市场经济条件下农业的基础地位》，《经济研究》

1994 年第 1 期。

金书秦、牛坤玉、韩冬梅:《农业绿色发展路径及其"十四五"取向》,《改革》2020 年第 2 期。

赖斯芸、杜鹏飞、陈吉宁:《基于单元分析的非点源污染调查评估方法》,《清华大学学报》(自然科学版)2004 年第 9 期。

李碧浩、许用权、柳阳:《从绿色产业到产业绿化》,《上海节能》2012 年第 5 期。

李文华:《生态农业与有机农业》,《人与生物圈》2016 年第 5 期。

李周、孙若梅:《绿色农业经济转型研究:中国绿色经济发展机制和政策创新研究综合报告》,中国环境科学出版社 2012 年版。

李周:《用绿色理念领引山区生态经济发展》,《中国农村经济》2018 年第 1 期。

刘景林、隋舵:《绿色产业:第四产业论》,《生产力研究》2002 年第 6 期。

刘连馥主编:《绿色农业:生产技术指导原则》,中国绿色食品发展中心、中国绿色食品协会组织编写 2008 年版。

刘小清:《绿色产业——迎着朝阳走来的新兴产业》,《商业研究》1999 年第 9 期。

卢昌彩:《推进我国水产养殖绿色发展新格局的思考》,《中国水产》2018 年第 5 期。

骆世明:《生态农业发展的回顾与展望》,《华南农业大学学报》2022 年第 4 期。

潘丹、应瑞瑶：《中国农业生态效率评价方法与实证——基于非期望产出的 SBM 模型分析》，《生态学报》2013 年第 12 期。

裴庆冰、谷立静、白泉：《绿色发展背景下绿色产业内涵探析》，《环境保护》2018 年第 Z1 期。

瞿孟飞：《农业的过去、今天和未来——论"农业是国民经济发展的基础"的普遍意义》，《经济研究》1960 年第 Z1 期。

史常亮、李赟、朱俊峰：《劳动力转移、化肥过度使用与面源污染》，《中国农业大学学报》2016 年第 5 期。

束放、李永平、魏启文：《2018 年种植业农药使用情况及 2019 年需求分析》，《中国植保导刊》2019 年第 4 期。

帅传敏、程国强、张金隆：《中国农产品国际竞争力的估计》，《管理世界》2003 年第 2 期。

〔日〕速水佑次郎、〔美〕弗农·拉坦：《农业发展：国际前景》，商务印书馆 2014 年版。

孙炜琳、王瑞波、姜茜等：《农业绿色发展的内涵与评价研究》，《中国农业资源与区划》2019 年第 4 期。

王明利：《改革开放四十年我国畜牧业发展：成就、经验及未来趋势》，《农业经济问题》2018 年第 8 期。

王娜娜、张倩、孙若梅：《农户农药施用中的"土壤制约"——以山东省孟村为例》，《南京工业大学学报》（社会科学版）2019 年第 6 期。

王小华、温涛：《农民收入超常规增长的要素优化配置目标、模式与实施》，《农业经济问题》2017 年第 11 期。

魏琦、张斌、金书秦：《中国农业绿色发展指数构建及区域比较研究》，《农业经济问题》2018 年第 11 期。

吴丹、王亚华、马超：《北大荒农业现代化的绿色发展模式与进程评价》，《农业现代化研究》2017 年第 3 期。

习近平：《决胜全面建成小康社会　夺取新时代中国特色社会主义伟大胜利》，人民出版社 2017 年版。

许涤新：《论农业在国民经济中的地位和发展农业生产的关键》，《经济研究》1962 年第 12 期。

薛蕾、申云、徐承红：《农业产业集聚与农业绿色发展：效率测度及影响效应》，《经济经纬》2020 年第 3 期。

杨滨键、尚杰、于法稳：《农业面源污染防治的难点、问题及对策》，《中国生态农业学报（中英文）》2019 年第 2 期。

尹晓青：《中国畜牧业绿色转型发展的政策及现实例证》，《重庆社会科学》2019 年第 3 期。

于法稳、黄鑫：《新时代农业高质量发展的路径思考》，《中国井冈山干部学院学报》2019 年第 6 期。

于法稳：《实现中国农业绿色转型发展的思考》，《生态经济》2016 年第 4 期。

于法稳：《新时代农业绿色发展动因、核心及对策研究》，《中国农村经济》2018 年第 5 期。

于法稳：《新时代生态农业发展的困境与出路》，《学术前沿》2019 年第 10 期。

于光远：《以农业为基础是中国社会主义现代化建设的一个基

本方针》，《经济研究》1979 年第 3 期。

岳冬冬、王鲁民：《中国水产养殖绿色发展战略研究》，《中国水产》2018 年第 7 期。

张红宇：《新常态下的农民收入问题》，《农业经济问题》2015年第 5 期。

赵京、杨钢桥、胡贤辉等：《绿色发展理念下湖南省农地利用结构效率及其驱动机制研究——基于 Super-SBM 的分析》，《资源开发与市场》2022 年第 4 期。

中国工程院中国养殖业可持续发展战略项目组：《中国养殖业可持续发展战略研究（畜禽养殖卷）》，中国农业出版社 2013年版。

周泽炯、胡建辉：《基于 Super-SBM 模型的低碳经济发展绩效评价研究》，《资源科学》2013 年第 12 期。

于法稳，管理学博士，中国社会科学院农村发展研究所创新工程首席研究员、生态经济研究室主任、二级研究员，生态经济学方向博士后合作教授；中国社会科学院生态环境经济研究中心主任，中国社会科学院大学应用经济学院教授、博士生导师。生态环境部土壤生态环境保护专家咨询委员会委员。长期从事生态经济问题研究，主要研究领域包括生态经济学理论与方法、资源管理、农村生态治理、农业可持续发展。兼任中国生态经济学学会副理事长兼秘书长、中国农村发展学会常务理事、中国水土保持学会常务理事、《中国生态农业学报》副主编、《生态经济》副主编、编委会主任。在《中国农村经济》《中国人口资源与环境》《中国软科学》《人民日报》《光明日报》《经济日报》等学术期刊报纸上发表论文300余篇，出版《水资源集约利用的经济技术政策研究》《中国生态环保督察：实践与对策》等专著40余部（含合著、参编）；作为副主编出版了《生态经济建设大辞典》《英汉生态经济词典》等大型工具书以及《中国农村发展报告》（2016年以来）。曾获2006年中国发展百人奖，及2021年"中国社会科学院先进个人"称号。

包晓斌，农学博士，中国社会科学院农村发展研究所创新工程首席研究员、中国社会科学院农村发展研究所生态经济研究室副主任、博士生导师，中国社会科学院生态环境经济研究中心副主任；兼任中国生态经济学学会常务理事。主要从事资源与环境经济、生态经济研究，完成国家自然科学基金项目、国家社会科学基金项目、国家部委课题、中国社会科学院重大课题和重点课题、国际合作课题等 60 余项。在 *China Economic Review*、《资源科学》《生态科学》《干旱区资源与环境》《中国农村经济》《中国农村观察》等学术期刊发表学术论文百余篇，出版《化解西北地区水资源短缺的研究》《内蒙古草原可持续发展与生态文明制度建设研究》《生态经济学》《发展的后劲》等学术著作 20 余部。